회사의 운명을 바꾸는 ──────

회의
혁명

30분

회사의 운명을 바꾸는 회의혁명 30분

엮은이 | 노구치 요시아키
옮긴이 | 인트랜스 번역원
펴낸이 | 김성실
편집주간 | 김이수
편집기획 | 박남주 · 천경호
마케팅 | 이동준 · 이준경 · 강지연 · 이유진
디자인 · 편집 | 하람 커뮤니케이션
인쇄 | 중앙 P&L(주)
제본 | 대흥제책
펴낸곳 | 시대의창
출판등록 | 제10-1756호(1999. 5. 11)

2판 1쇄 인쇄 | 2008년 8월 22일
2판 1쇄 발행 | 2008년 8월 29일

주소 | 121-840 서울시 마포구 동교동 113-81(4층)
전화 | 편집부(02) 335-6125
　　　영업부(02) 335-6121
팩스 | (02) 325-5607

ISBN 978-89-5940-108-6(03320)
가격은 뒷표지에 표시되어 있습니다.

• 잘못된 책은 바꾸어 드립니다.

회사의 운명을 바꾸는 ──────

회의혁명

30분

노구치 요시아키 엮음
인트랜스 번역원 옮김

시대의창

회의는 회사의 거울이다. 회의는 기업 유전자가 응축

된 장場이며 유전자의 힘이 나타나는 장이다. 회의의 수준과 스타일을 보면 그 회사의 경영 수준을 알 수 있다.

회의에는 그 기업의 모습이 그대로 나타난다. 관료적 기업 풍토를 가진 기업의 회의는 권위와 권력이 분위기를 압도하고, 그와 달리 창조적 기업 풍토를 가진 기업의 회의는 대등하고 솔직하며 아이디어를 존중하고 있다는 느낌을 받는다.

다양한 업종의 컨설팅을 하다보면, 그 기업의 회의 운영 방법과 규칙이 그 기업의 유전자라는 사실을 깨닫게 된다.

회의를 의사결정을 위한 토론장으로 삼고 있는 회사, 보고와 서류 작성과 얼굴 대면의 장으로 삼고 있는 회사, 사장과 간부들의 자기만족의 장으로 여기는 회사 등 참으로 다양하다. 또 회의는 규탄의 장, 정보교환의 장, 아이디어 창출의 장이 되기도 한다. 회의의 목적, 스타일, 방법에 따라 회의가 기업 쇠퇴의 길로 접어드는 무대가 되기도 하고, 기업 발전의 무대가 되기도 한다.

구체적으로 본다면 시간개념이 없는 회사, 회의의 목적이 모호한 회사, 자료 준비에만 역점을 두는 회사, 특정한 몇몇 사람만이 의견을 내는 회사… 라는 구태의연한 회사의 모습을 시사하기도 하고, 나아가 그 회사의 본질을 엿볼 수 있게도 해준다. 사실 이러한 것들이 기업문화 자체를 나타내는 경우가 많다.

담당 부서에서 빈틈없이 회의 준비를 하여 좌석에 이름도 명시하고 마치 중요한 만찬회에서 나이프, 스푼, 컵, 접시 등을 한 치의 어긋남 없이 세팅하듯이 완벽한 자료를 테이블 위에 정확하게 놓아두는 회사가 있고, 반면에 누가 어디에 앉든 상관하지 않으며 회의실 준비도 담당자 중 일찍 온 사람이 테이블과 의자를 배치하는 등 대수롭지 않게 준비하는 회사도 있다.

회의의 스타일은 마치 이제 막을 올리려는 뮤지컬의 무대 구성 스타일과 비슷하다. 준비 방식, 관객을 맞이하는 방식, 막을 올리는 방식이 다르듯이 권위 있는 스타 중심인가 관객 중심인가, 핵심을 찌르는가, 무게감이 있는가, 본질을 다루고 있는가 권위와 허영인가가 모두 다르다. 이러한 사소한 부분까지 간파해내는 회사의 회의에는 기업 변혁의 힌트가 숨겨져 있다.

회사를 바꾸고 싶다! 회사를 변혁시키고 싶다! 회사를 지속적으로 발전시키고 싶다! 그렇다면 회의를 바꿔보자. 회의 방식과 스타일을 바꿔보자. 서열 순으로 자리를 배치한 회의실, 푹신푹신한 카펫이 깔린 회의실, 역대 사장과 회장의 사진이 걸려있는 회의실에서 진행되는 회의는 예외 없이 자료도 두껍고 좌석도 많다. 주인공 자리에 당연한 듯이 제일 높은 사람이 앉는 회의, 과거의 성공담 중심으로 진행되는 회의는 이제 그만 두자!

그런 회의는 입에 올리는 대사도 너무 식상하고 현장과는 거리가 먼 미사여구의 나열일 뿐이다. 게다가 감독도 주연도 모두 주인공 자리에 앉은 그 높은 사람이다.

대개 이런 회의는 중진 임원들의 자기만족과 아랫사람들의 아첨만이 흘러넘친다. 차라리 회의실 탁자 위에 깨단지를 올려놓으면 좋을 것 같다. 자, 그럼 모두 아첨을 떨어볼까?

"맛있는 귤이군!"이라고 주인공 자리에 앉은 사장이 한 마디 하면, 일제히 "예, 그렇습니다"라고 한다. 그러다가 "아니, 역시 신가?"라고 하면, 또 일제히 "그렇습니다. 역시 약간 신 것 같습니다"라고 한다(여기서 굉장히 시다고는 절대 말하지 않는다). 고개까지 끄덕이면서. 그것도 주위 사람들과 타이밍을 맞춰서.

벌거숭이 임금님을 만드는 기계 인간들, 최고급 자단으로 된 벽에 호두나무로 만든 중후한 테이블이 있는 임원 회의실, 특별한 조명, 고급 집기들, 조직의 권위를 상징하듯 장엄한 회의실은 이제 시대에 뒤떨어졌다.

이 책은 회의의 변혁과 혁신의 방향을 다음 7가지 측면에서 정리해 보았다.

부디 회의에 잠재된 기업 유전자의 본질부터 송두리째 뽑아내고 해부하여 새로운 변혁 유전자를 창조하기를 바란다.

끝으로 항상 우리의 책을 읽어주시는 독자 여러분, 컨설팅 현장에서 많은 것을 시사해주시는 고객 여러분, 회의의 공간과 자료를 제공해주신 와다 가즈야씨, 쉬는 날인데도 컴퓨터 앞에서 키보드를 두드리는 HR 인스티튜트 멤버들과 그들을 지켜주는 가족 여러분, 늘 자극적인 기획 아이디어와 편집 작업에 지혜와 힘을 빌려주시는 PHP 연구소 비즈니스 출판부의 가네다 편집장과 편집 담당자 여러분께 감사의 말씀을 드린다. 그들의 지원과 격려가 없었다면 이 책은 존재하지 않으며, 집필자인 나 자신도 존재하지 않는다. 정말 진심으로 감사드린다.

주식회사 HR 인스티튜트 대표 **노구치 요시아키** 野口吉昭

conference

Contents

회의는 곧
'기업 유전자'다

최적의 실천 방법을 통하여
최고의 기업을 만드는 역동적인 회의

:: FC 회의는 혁신회의다

역동적인 회의가 있는 기업은 역동적인 창조력을 갖게 마련이다. 이토요카도 사의 전통을 이어받은 세븐일레븐 재팬의 'FC 회의', 많은 사람들이 알고 있을 것이다. 사람들은 이 회의를 혁신회의라고 부른다.

IT 선진 기업인 세븐일레븐 재팬은 막대한 비용을 들여 매주 1천 명도 넘는 각 점포의 관리자들을 본사로 불러 모은다. 전국에서, 그 것도 일주일에 한 번씩! 매주 화요일 아침 8시는 세븐일레븐이 세 븐일레븐의 원점으로 돌아오는 시간이다.

FC 회의란 현장 카운슬러Field Counsellor 회의를 말한다. 세븐일 레븐의 강점은 현장을 완전히 파악하고 있는 관리자, 즉 OFC (Operation Field Counsellor)의 존재에 있다. 그리고 그 강점을 더욱 중대시키는 것이 FC 회의다. 바로 그 FC 회의를 통해서 생산성, 즉 구매력과 구입력을 높일 수 있는 것이다.

프랜차이즈 기업인 세븐일레븐 재팬은 전국의 가맹점 점장에게 경영과 마케팅을 지원해주는데, 이 일을 OFC가 맡고 있다. 보통 한 사람이 6~8군데의 점포를 담당한다.

화요일 아침 도쿄의 이토요카도 그룹 본부 주변은 긴장감이 감돈다. FC 회의에 참가하는 멤버들은 태산이 짓누르는 듯한 위압감마저 느낄 정도라고 한다.

이 OFC는 어느 편의점에나 다 있지만 세븐일레븐의 OFC는 타사 관리자들과 전혀 다르다. 우선 가설을 세우고 검증하는 능력의 수준부터 다르다.

왜 이 지역 점포에서는 지난 달 초순에 쌀밥도시락이 많이 팔렸는지, 왜 이 지역 점포에서는 일회용 카메라가 많이 팔렸는지, 왜 이 지역 점포에서는 술이 안 팔리는지 등등 각 점포의 특성을 그 배경과 함께 빈틈없이 검증한다. 즉 가설을 세우고 가설을 검증한다.

세븐일레븐은 상품을 점포에 내놓는 타이밍이 다르다. 해당 구역의 특성을 완전히 파악하고 팔 상품의 특성도 완전히 파악하고 있기 때문이다. 지역 특성을 중요시하지 않는 다른 회사는 처음부터 게임이 안 된다. 타사에서 흔히 볼 수 있는 '○○상품이 인기 폭발 중이니 모두 분발하여 몽땅 팔아치우자!' 이런 수준이 아니다.

지역 특성을 살린 지역축軸, 시간대별·요일별 시간축, 상품의 흥망을 완전히 파악한 상품축, 이 세 기둥을 객관적인 데이터를 이용해서 철저하게 분석한 다음 점장에게 조언하는 것이 이들 OFC가 하는 일이다.

3교대를 실시하는 공장 주변에서는 아침에 맥주나 소주 그리고 안주 종류가 잘 팔린다. 항구 근처에서는 밥이 많이 담긴 도시락이 잘 팔린다. 그렇기 때문에 그에 맞춰 시간대별 상품을 갖춰놓는 것이 중요하다. 팔리기 때문에 물건을 발주하는 것이 아니라 팔릴 것이라는 가설을 세우고 미리 발주하는 것이다. 그것이 세븐일레븐의 현장 철학이다.

점포의 상품은 대략 3개월에 60퍼센트 정도 교체되는데, 과자류는 단 2주 만에 70퍼센트가 교체된다. 신상품일 경우에는 3일 이내에 매진되기도 한다. 정말 초스피드, 초객관화 경영이다.

객관적 데이터 읽는 법, 상품 발주 방침, 지역 특성의 분석 방법을 철저히 가르치는 것이 바로 세븐일레븐의 FC 회의다. FC 회의는 세븐일레븐의 강점의 근원이고 세븐일레븐 재팬의 철학이며 무궁한 발전을 위한 '기업 유전자'다.

일부 사람들은 이 FC 회의를 마치 공포정치의 장場 같다고 하는데, 그것은 틀린 생각이다. 분명 그 혹독함은 상당히 유별나긴 하지만 그 혹독함이야말로 그들이 프로 집단이라는 증거이며 가설과 검증을 축적하는 장이며 결과를 만들어내는 과정이다.

그리고 발주라는, 주체자의 의사와 방침이라는 사실을 실현시키는 것도 이 FC 회의다. 그것도 즉흥적인 것이 아니라 조직적인 장치로 정착시키기 위한 장이다.

세븐일레븐 재팬의 FC 회의는, 성공 사례도 함께 공유하고 실패와 직무태만에 대한 책임도 함께 지는 더 베스트 프랙티스(가장 알맞은 실천 방법의 실행) 회의다.

IT 선진 기업이면서도 메일이나 인터넷, 초고속 네트워크 등을 이용하지 않고, 굳이 직접 얼굴을 맞대는 대규모의 회의를 매주 개최한다. 바로 이 점이 세븐일레븐 사업 전략의 핵심이다. 그리고 이 FC 회의는 이토요카도 그룹의 '유전자'이며 경영 원칙이다.

세븐일레븐 재팬은 '변화 대응'과 '철저한 원리원칙'을 더 베스트 프랙티스 회의, 즉 FC 회의를 통해 실현시키고 있다.

▪▪ 특징 있는 기업에는 특징 있는 회의가 있다

훌륭한 기업문화가 있는 기업에는 재미있는 이름을 가진 회의가 있다. 혼다의 '와이가야(외설영화관)'도 그 중 하나다. 캐논에서는 이 이름을 따서 신제품 발표 때 실시하는 기술분석 회의(필요한 기술을 체계화시키고 분석하는 회의)를 '와이가야 미팅'이라고 한다.

캐논은 일본에서 가장 글로벌화에 성공한 기업으로 칭송받는다. 사실 일본의 산업은 성공적인 자동차 회사조차 유럽 시장에서 고전을 면치 못한다. 최근 들어 어느 정도 회복되었다고는 하지만 혼다와 닛산도 그렇고 도요타도 계속 적자행진을 하고 있다. 대체로 일본 기업은 유럽 시장에 맞지 않는다.

유럽은 작은 나라들이 모여 있는 대륙이다. 일본처럼 획일적인 가치관을 가진 기업 발상으로는 유럽 시장을 공략하기 어렵다. 그런 상황 속에서 캐논은 일본 국내는 물론이고, 북미 지역과 유럽 그리고 동남아시아와 중국에서 오래 전부터 성공신화를 이어오고 있다. 일본 시장에서 캐논의 시장점유율은 30퍼센트를 넘지 않는다.

캐논은 기술력과 마케팅을 조화롭게 운용한다. 또한 실패를 성공으로 되살려내는 막강한 조직력도 가지고 있다. 이 기술분석 회의도 이미 몰락해버린 사업에 쓰였던 기술을 다시 살려내는 역할을 한다. 해당 담당자뿐 아니라 가능한 한 광범위하게 의논하는 횡적 조직이라는 특징이 있다.

종적인 의식과 횡적인 의식을 조화롭게 교차시키고 있으며 어디 하나 독선적인 이미지는 찾아볼 수 없다. 그것은 상대의 입장을 배려하는 문화가 있기 때문이다. 캐논의 글로벌화 성공은 이런 기업 가치관을 가졌기에 가능했다. 특징 있는 기업 유전자를 가진 기업에는 반드시 특징 있는 회의가 있다.

샤프에는 1977년부터 시작한 '긴緊 프로'라는 회의가 있다. 신제품 개발 등을 위해서 중역을 포함한 간부들을 긴급히 소집하는 회의를 말한다. 도요타의 '자주연自主硏'(도요타 생산방식 자주연구회), GE(General Electric)의 '워크아웃' 등도 강력한 경영, 막강한 기술, 생산, 영업 등을 실현하고자 하는 특징 있는 회의다. 특징 있는 기업에는 특징 있는 회의가 있으며 그 회의를 통해 기업의 변혁 유전자를 점점 키워간다.

이런 특징 있는 회의는 그 기업의 독자성, 즉 기업 유전자를 그대로 회의에 반영한다. 속도감이 있다든가, 조직의 계급을 뛰어넘는다든가, 형식에 얽매이지 않는다든가, 독창적인 경영 시스템을 운영한다든가 등이 바로 그것이다. 특색 있는 회의의 존재 자체가 기업 전략이며 나아가 '우량 유전자'로 발전하게 된다. 이를테면 회의 자체의 특징이 회사 자체의 특징이 되는 것이다.

회의를 변화시키면 틀림없이 회사를 변화시킬 수 있다. 야마다 히토시는 도요타의 '간판방식'을 여러 회사에 전해주는 컨설턴트다. 그는 간판방식의 창시자 오노 다이이치의 제자다.

야마다가 컨설팅을 위해 거래처에 나가면 사장도 직접 참석해서 '야마다 선생에게 배우자!'라는 취지의 회의를 연다. 회의는 사회자의 우렁찬 "차렷! 경례!" 구령으로 시작된다. 재고 제로 작전, 낭비 제로 작전에 사장이나 일선의 현장 직원이 따로 없다. 현장에서는 모두 동등하다. 대량생산에서 다품종 소량생산으로 방침을 전환하여 이를 프로젝트화하고 회의실과 현장을 모두 이용한 '진정한 승부'의 현장 회의를 하는 것이다.

창의력을 발휘하여 연구하면 실패하지 않는 법이다! 많은 제조업체가 중국으로 이전하고 있는 요즘, 일본에서는 창의력을 발휘해서 높은 생산성과 철저한 비용 절감, 재고 줄이기, 낭비 줄이기를 실천하는 데 모든 기업들이 필사적이다. 그러기 위해서 야마다는 회의를 통해 사원의 발상과 의식을 백지 상태에서 다시 출발시킨다. 회의를 통해 혁신을 꾀하는 것이다.

분명 이러한 회의는 회사를 혁신시킨다. 즉 회의가 바뀌면 회사도 바뀐다. 회의는 기업 유전자가 응축된 장이며 경영 그 자체다. 회의를 변화시켜 기업 유전자를 변혁시키고, 새로운 변혁 유전자를 구축하면 회사는 변신할 수 있다.

간판방식의 창시자 오노는 처음부터 도요타에 입사한 것이 아니다. 그가 처음 입사한 회사는 도요타 자동직기였다. 실이 끊어지면 기계가 멈춘다. 그 긴장감이야말로 생산 기술의 포인트임을 몸소 체험한 오노는 도요타의 자동차 생산 라인의 개선점도 바로 '긴장감'이라고 진단했다. 그리고 그 긴장감을 유지하기 위해서 '조직 육성' '인간 육성'에 힘을 쏟았다.

도요타의 강점은 긴장감에 있다. 적당이라는 단어는 허용되지 않는다. '왜?'라는 질문을 5번 한다. 그리고 상대의 이야기를 성심껏 듣는다. 위기감은 늘 상존하는 것이기 때문에 언제 어디서든 항상 문제의식을 가지고 대비한다.

도요타는 일찍이 '실패는 성공의 어머니' '만물 유전流轉법칙' '개혁자의 딜레마' 법칙을 깨닫고 있었다. 이렇게 경영의 가장 중요 요소가 긴장감과 커뮤니케이션에 있음을 알고 실현하고 있는 회사가 경영 최강 도요타다.

회의를 바꾼다는 것은, 이 '긴장감'과 '커뮤니케이션' 그리고 '창조성'을 양성할 혁신 유전자를 만드는 것이다. 그리고 회의의 주목적은 '인간 육성' '조직 육성'에 두어야 한다.

02

모이나 의논이 없고, 의논하나 결정이 없고, 결정하나 실행이 없다

살벌한 비평, 프로의 세계

일본 최대 설계사무소인 닛켄 설계의 디자인 비평은 욕설이 난무할 정도로 살벌하다.

담당 설계자는 건축주에게 프레젠테이션을 하기 전에 의장책임자, 구조책임자, 설비책임자 등 기술과 경험을 겸비한 설계기술자들에게 사전 설명을 하지 않으면 안 된다. 이것이 아주 까다롭다. 호의적인 반응은 절대로 기대할 수 없다. "도대체 무슨 생각으로 이런 설계를 한 것입니까! 이 설계도에는 사상이 전혀 들어있지 않군요. 일을 그만둘 생각입니까? 그럼 그만 두시오!" 이런 식이다.

이 점은 경영 컨설팅 회사의 평가 기준에서도 마찬가지다. "이 논리의 배경은 무엇이며 어떤 데이터에서 나온 것입니까? 너무 주관적이지 않습니까? 이래가지고 프로라고 할 수 있겠습니까?"라는 말을 듣는 것이 다반사다. 또는 "전혀 창조성이 보이지 않는군요. 자신이 말하고자 하는 메시지는 무엇입니까? 실제 현장에 귀를 기울이고 있습니까?"라는 말을 들으면서 자신의 의견을 10퍼센트도 표현하지 못한 채 끝나버리는 경우도 자주 있는 일이다.

프로가 프로에게 비평을 듣는 것은 너무 치욕적인 일이다. 그것도 욕설에 가까운 말을….

혼다에서는 더 심하다. 혼다 소이치로는 욕설뿐 아니라 기계 부품까지 던진다고 한다. 그가 연구소나 공장에 온다는 소식이 들리면 공구류 등을 모두 치울 정도라고 한다. 그는 "사람들은 사랑하기 때문에 화를 낸다고 하지만 나는 다르다. 믿기 때문에 화를 낸다. 혼다는 사람의 목숨과 관계 깊은 물건을 만드는 곳이다. 그렇기 때문에 적당히 하는 사람은 용서 못 한다!"고 항상 말한다.

혼다는 매사에 진지하다. 본래 유머도 있고 재미있는 경영자지만 일에 관한 한 작은 문제까지 일일이 간섭하며 호통을 친다. 그의 이러한 진지함이 긴장감을 조성하고, 참된 커뮤니케이션을 낳고, 새로운 창조성을 키운다. 자신에게 엄격하지 않고 적당하게 일하는 사람은 절대 용서하지 않는 것이다. 이런 문화가 혼다의 꿈과 희망을 가꾸어 왔다.

:: '모두 함께라면 두려울 것이 없다' 는 생각은
우물로 빠지는 지름길이다

집단주의에는 나름대로 좋은 점이 있다. 그러나 회의에서는 곤란하다. 변화가 없기 때문이다. 설령 변화가 있다고 해도 받아들일 능력이 부족하고 그것을 실행에 옮기는 능력도 부족하다. '집단'이라는 우물 안 개구리 상태로는 긴장감을 찾아볼 수 없다.

이런 상황 속에서 이루어지는 기업 회의는, 모이나 의논이 없고, 의논하나 결정이 없고, 결정하나 실행이 없다. 이런 현상은 우리가 '집단주의 유전자'를 가지고 있다는 상징이다. 사람들은 모두 이래서는 안 된다는 것을 알면서도 자기가 먼저 움직이려 하지 않는다. 그러다가 점점 그런 생각마저 잊어버린다.

'모두 함께라면 두렵지 않다'는 현상이다. "그때의 분위기가 그래서 어쩔 수 없었다"고 위안한다. 실제로 고도성장기에는 그런 집단주의 유전자가 좋은 역할을 하기도 했다. 그러나 어느 정도 성숙되면 그런 분위기에서는 사고가 정지된다.

예를 들어, 담합이 좋지 않은 줄 알면서도 거기에 길들여지면 "업계가 얼마나 살벌한지 잘 모르는 사람에게는 담합이 좋으니 나쁘니 말하고 싶지 않소. 하지만 일을 추진해나가려면 할 수 없소"라고 말하게 된다. 이처럼 사고 정지뿐 아니라 사고 역행의 지경에 이른다. 그러면서 반성하는 분위기도 없다.

기독교에는 절대신과의 계약이라는 발상이 있다. 절대지존이라는 가치기준을 가지고 환경이나 시간을 초월한 신과 자신과의 계약이다. 하지만 보통사람에게는 이 절대적 가치기준, 절대적 계약이란 발상이 거의 없다. 절대적 가치는커녕 그 상황과 때를 어떻게든 넘겨보려는 적당주의가 만연되어 있다.

자기 정당성을 설명하기 위한 핑계를 찾다보니 상대적 가치기준의 딜레마에 빠지는 것이다. 그런 적당주의에 길들여지는 동안 스스로를 우물 안 개구리로 몰아간다. 몰락으로 이어지는 길로 접어드는 것이다. 우물 안 개구리가 되지 않기 위해서 회의가 필요하다. 회의는 가치기준의 응집체이기 때문에 끊임없이 절대적 가치기준의 장으로 유지시켜야 한다.

원래 중역 회의가 절대적 가치기준의 장이어야 하는데, 중역은 '사장의 부하'라는 인식이 강하기 때문에 좀처럼 절대적 가치기준을 준수하기 어렵다. 한때는 사외 인사를 영입해서 중역을 맡기는 붐이 일기도 했지만 별로 큰 효과가 없었다. 실제로 제도만으로는 바람직한 중역 회의로 변혁시키기 어렵다. 기업의 존재의식, 즉 가치기준부터 다시 생각해보지 않으면 안 된다.

현실적으로 '개인'의 힘이 큰 힘을 발휘하기란 어렵다. '집단'을 우선시하고 '개인'은 뒤로 제쳐두기 때문이다. 모난 돌이 정 맞는다지 않는가! 하지만 요즘에는 '너무 튀는 돌은 때리기도 어렵다'는 말이 있다. 완전히 튀어버리면 아무도 뭐라고 할 수 없어진다. 튀는 생각, 아이디어, 전략이 요구되는 시대다. 맞기 전에 튀는 존재가 되어라. 그러면 이긴다!

∷ '일＝업무＋개선'이란 공식이 긴장감을 지속시킨다

　개성을 존중하고 집단과 개인이 조화를 이룬 기업만이 앞으로 계속 발전할 수 있다. 바로 그 본보기가 앞에서도 언급한 도요타다. 도요타 최강 경영의 본질은, 사장에서부터 현장에 이르기까지 침투해 있는 긴장감과 커뮤니케이션에 있다. 도요타는 아무리 업계 최고가 되어도 결코 방심하지 않는다. 도요타의 제품 생산을 위한 3가지 기술은 다음과 같다.

> ● 좋은 제품을 생산하는 기술
> ● 좋은 제품을 생산하는 구조를 만드는 기술
> ● 좋은 제품을 생산하는 사람을 만드는 기술

　도요타에서의 '일'이란 '업무＋개선'이다. 제품 생산도 납기만 맞추면 된다는 수준에서 끝나는 것이 아니라 납기를 맞추는 과정에서 어떤 낭비가 있었는가, 어떤 무리가 따랐는가, 나아가 어떤 점이 개선되었나, 얼마나 발전을 이루었나를 생각한다. 이렇게 개선과 혁신이 어김없이 붙어서 따라다닌다. 이런 의식의 원점은 자동직기에 걸려 있는 팽팽한 실이다. 위기의식, 문제의식, 당사자의식, 이 3가지 의식으로 채워진 유전자로 가득 차 있다.
　도요타에서 이 모든 것이 가능한 이유는, '자주연'(도요타 생산방식 자주연구회)이라는 주체적인 회의에 있다. 긴장감과 커뮤니케이선과 창의성으로 가득 찬 소집단 활동은 '일＝업무＋개선'이라는 개선 회의의 상징이기도 하다. 현장 담당자들의 책임 아래 다음 단계를 나아가 미래를 내다본다.

도요타의 7가지 습관을 보면 자주연의 실체와 그 빈틈없음에 대해 알 수 있다. 여기서 현장의 힘이 바로 경영의 힘이라는 사실을 이해할 수 있다. 도요타의 7가지 습관은 다음과 같다.

- 상대의 이야기를 성실히 듣는다.
- 무엇이 문제인가 스스로 생각한다.
- 격려와 제안을 한다.
- '이길 수 있는' 최선의 방법을 생각한다.
- 상담한다.
- 사실에 근거한다.
- 일단 도전하고 본다.

회의에 꼭 필요한 사고방식과 규칙이다. '기업은 사람에게 달려 있다'고 하지만 이렇게까지 사람과 현장을 중요시하는 회사는 정말 드물다. 즉 도요타의 경영은 사람을 중심으로 하여 현장이 항상 긴장감으로 가득 차 있음을 의미한다. 그야말로 최강이다.

03

회의를 보면 기업 유전자를 진단할 수 있다

∷ 회의는 3개의 기업 유전자층, 모든 곳에 존재한다

기업 유전자는 기업의 흥망을 좌우한다. 우량 유전자는 기업의
발전을 가져오고 불량 유전자는 몰락의 길로 인도한다. 기업 유전
자는 기업의 수명을 결정짓는 정보 단위며 기업 세포인 인재人材에
입력되어 있다.

이 기업 유전자에는 크게 3개의 계층이 있다. 바로 '비전vision 유
전자' '기술 유전자' '스타일 유전자'다.

비전 유전자는 기업의 존재의식, 바람직한 자세, 갖춰야할 자세
를 규정하는 기업 유전자이고, 기술 유전자는 기업 전략, 사업 계획
레벨을 결정짓는 기업 유전자이며, 스타일 유전자는 일상의 경영
관리, 행동, 현장 등의 경영 요소를 보여주는 정보 단위를 말한다.

회의 체계를 '비즈니스 계층조직'과 이 3개의 유전자 계층 사이

에 놓아 본 것이 도표 1-1이다.

주주 총회, 중역 회의, 신년 시무식 행사, 재건계획 프로젝트 등은 비전 유전자에 들어가고, 경영 회의, 사업계획 회의, 각 부장 회의, 영업전략 회의는 기술 유전자에 들어가며, 현장 회의, 상품개발 회의, 판매 회의, 조례, 연구 회의, 소집단 활동 등은 스타일 유전자에 들어간다. 이들 회의를 진단해보면 기업 유전자의 전체상을 볼 수 있다.

주주 총회 의장인 사장의 스타일은 곧 비전 유전자다. 보통은 총무부에 시나리오를 작성하게 하고 예상되는 질문에 대한 답변을 만들게 한 다음, 예행 연습도 하는 사장의 행동을 보면 정말 한심하다는 생각을 하게 된다. 좀 어려운 질문이라도 나오면 곧장 담당자나 부장에게 돌린다. 주주 총회를 보면 사장의 리더십 스타일도 볼 수 있고 기업 유전자도 대부분 파악할 수 있다. 지금도 총회 측에 뒷돈을 건네는 기업이 있다고 한다.

사장은 개인적인 스캔들이나 생트집 수준의 질문에 대해서도 체면이나 사회적 지위에 개의치 않고 의연히 정면으로 맞받아쳐야 한다. 이제는 그런 시대다. 사장은 어떤 질문에도 다소 시간이 걸리더라도 자신의 생각을 정정당당히 피력해야 한다. '주주란 우리를 믿고 우리의 능력에 미래를 거는 파트너'라는 의미를 느낄 수 있도록 해줘야 한다. 그것이 사장의 책임이다.

또 많은 이익을 올리고 높은 배당을 해야 하는 것도 사장의 책임이다. 그에 대한 결과를 평가하고 설명하는 곳이 주주 총회다.

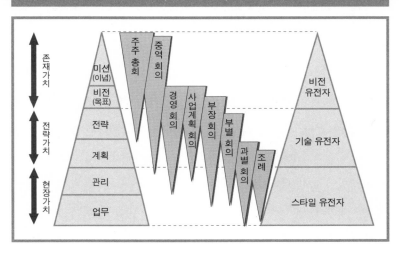

도표 1-1 비즈니스 계층 조직, 기업 유전자, 회의의 상관관계

어려운 질문이라도 알기 쉽게 정중히 답할 수 있는 사장의 자세도 필요하다. 정말이지 주주 총회는 기업의 존재의식을 묻는 진정한 승부의 장이며 기업의 레벨을 보여주는 거울이다. 비전 유전자는 주주 총회와 중역 회의를 보면 좀더 깊이 있게 진단할 수 있다.

경영 계획을 논의하는 경영 회의나 사업계획 회의에 참석해보면 그 기업의 전략도를 알 수 있다. 구태의연한 회의와 구태의연한 문서로는 전략을 세울 수 없다. 사업 목표는 하향하고 아무리 올려도 기준치 이하가 되어버린다. 이렇게 되면 경영기획부는 담당 직원이나 영업부장과 결탁해서 숫자를 조작한다. 그리고 여느 때와 마찬가지로 비슷하게 맞춰놓는다.

기업 환경을 제대로 분석하지 않고, 자사의 핵심 능력에 대한 충분한 논의도 없이 수치 중심으로 일관하고 있다. 경영 과제 또한 구태의연하다. 그리고 늘 입버릇처럼 의례히 "필사적으로 노력해야지 별 수 있겠느냐"고 한다.

시장 환경은 시시각각 변하고 있다. 게다가 오랫동안 유지되어 왔던 가치기준이 뿌리부터 바뀌어 가는 데도 불구하고, 사업 계획은 아무런 전략도 없이 10년 전 비즈니스 프로세스(사업 방법, 업무 처리)를 그대로 답습하고 있다. 회의에서 논점을 낳는 기반(매니지먼트 플랫폼)이 변하지 않으면 안 되는데, 사업계획 책정 방법이 예나 지금이나 똑같다면 회의의 모습과 회의의 결과는 불 보듯 뻔하다.

회의는 회의의 의제가 정해지기 전, 즉 비즈니스 프로세스의 출발 지점에서부터 시작된다. 다시 말해서 회의는 비즈니스 프로세스의 핵심 포인트다. 회의는 이미 시작되고 있다!

:: 회의를 바꾸면 기업 유전자도 바뀐다

만약 주주 총회에서 사장이 자신의 강한 의지와 높은 뜻을 전면에 보여준다면? 또 주주 총회에서 도망가는 답변으로 일관하지 않고, 잘못이 있으면 분명하고 논리적인 설명을 곁들여서 사죄한다면? 그리고 미래에 대한 가능성을 성실히 약속한다면? 분명 사원들은 물론이고 모든 주주들은 그 사장을 신뢰하게 된다.

당연한 말이지만, 이 당연한 사실이 관료형 사장에게서는 찾아볼 수 없다. 지나치게 권위를 의식하고, 창피당하기를 싫어하고, 체면을 중시한다. 경영 회의에 들어가기 전에 사전교섭을 한다든가, 미리 자료를 배포한 것에 필요 이상 신경을 곤두세우는 기업도 관료 체질 기업이라고 할 수 있다.

하지만 개최하는 회의 하나하나를 '진정한 승부의 장'으로 만들면, 틀림없이 기업문화도 바뀌게 될 것이다. 회의가 긴장감으로 가득 차 있으면 자연히 기업 유전자도 변혁 유전자로 가득 차게 되어 기업문화와 사원의 행동기준도 크게 바뀌게 된다.

사업계획 회의에서도 논리적이고 비전이 확고하며, 목표에도 위에서 내려온 부풀려진 것이 아닌 현실성이 있다면 전략적인 논의가 가능해진다. 그리고 사업 계획이 좀더 객관적이고 전략적일수록 회의가 활성화되고, 과거 현재 미래에 대해 더욱 내실 있는 논의도 할 수 있게 된다. 늘 같은 회의실, 늘 같은 의장, 늘 같은 모양으로 엄숙하기만 한 회의는 이제 그만 두자. 시간낭비일 뿐이다.

회의는 '가치창조' '사업창조' '시장창출' '인재개발'의 장이어야 한다. 사장이나 간부가 회의가 끝난 다음 이러쿵저러쿵 불평을 하거나, 후회를 하거나, 앞으로 잘하면 되겠지 하는 기업 유전자를 가졌다면 그 회사는 앞날이 뻔하다.

긴장감이 빠지면 이미 진정한 회의가 아니다. 그런 회의는 할 필요도 없다. 회의를 하다보면 충돌은 당연하다. 충돌이 없는 회의는 회의가 아니다.

이제 회의 중에 담배를 피우는 모습은 많이 사라졌다. 그러나 아직 많이 남아 있다. 왜 담배를 피워도 그냥 두는가? 긴장을 풀기 위해서? 창의력을 높이기 위해서? 회의에 필요한 것은 '긴장감'이다. 회의중에는 절대 금연이다.

회의야말로 승부 유전자, 긴장 유전자, 커뮤니케이션 유전자, 창조 유전자를 만들어내는 절호의 기회다. 회의가 바뀌면 유전자도 바뀌고 회사도 바뀐다!

04

7가지 측면으로 분석해본 차세대형 회의

∷ 기업을 바꾸는 7가지 측면

기업을 바꾸는 7가지 측면이란 기업 유전자, 리더십, 사고법, 비즈니스 프로세스, 프레젠테이션, 공간과 도구, 기업 진단을 말한다.

기업 유전자는 이미 여러 번 말했듯이 가장 기본이다. 회의는 기업 유전자가 응집된 장이며 기업 유전자는 기업의 수명을 좌우한다. 따라서 회의를 바꾸는 7가지 측면에는 경영의 본질에 관계되는 요소가 많다.

그리고 기업 유전자와 가장 관계가 깊은 '리더십'. 조직을 지속적으로 발전시키는 변혁 유전자는 바로 리더십이라고 해도 과언이 아니다. 또 회의를 하나의 회의로만 생각하지 않고 비즈니스 프로세스의 핵심 포인트로 봐야 하는 '비즈니스 프로세스로서의 회의'도 중요하다. 리더뿐 아니라 회의의 참석자와도 크게 관계가 있는

도표 1-2 회의 혁신을 위한 7가지 측면

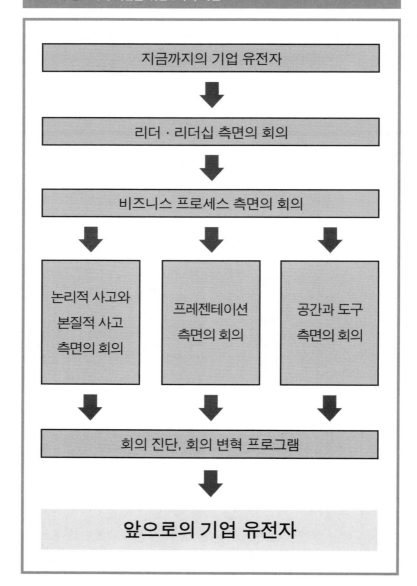

지금까지의 기업 유전자

⬇

리더 · 리더십 측면의 회의

⬇

비즈니스 프로세스 측면의 회의

⬇   ⬇   ⬇

논리적 사고와
본질적 사고
측면의 회의

프레젠테이션
측면의 회의

공간과 도구
측면의 회의

⬇   ⬇   ⬇

회의 진단, 회의 변혁 프로그램

⬇

앞으로의 기업 유전자

'논리적 사고법과 본질적 사고법' '프레젠테이션 능력'은 회의에 활력을 주고 논리적으로 날카로운 논의가 이루어지느냐 여부에 막대한 영향을 준다.

또 실천적 의미에서 볼 때, 회의실이라는 공간도 중요하고 화이트보드, 각종 프로젝터와 콘텐츠를 작성하는 응용 소프트웨어, 가상 회의를 위한 네트워크와 각종 자료 등과 같은 도구도 회의를 효율화시키고 고도화하는 데 없어서는 안 될 중요한 요소다. 그리고 끝으로 '회의 진단'과 '회의 변혁 프로그램'으로 매듭짓는다.

또한 회의의 생산성 향상과 레벨 업에서부터 경영 능력의 향상, 기업 유전자 진단과 기업 유전자의 재편성까지의 과정 역시 중요하다.

∷ 회의의 질은 의장인 리더에게 달려 있다

회의의 중심은 누가 뭐래도 의장이다. 의장의 스타일이 회의 분위기를 좌우한다. 때로는 실질적인 의장은 별도로 두고 전문 진행자가 회의를 주재하는 경우도 있다. 이 경우도 회의를 이끄는 사람이 회의의 질과 스타일을 좌우한다.

이토요카도의 스즈키 회장은 회의 중 발언 내용에 논리성과 객관성이 없으면 의미를 부여하지 않는다. 안건을 올릴 때도 그것은 왜지? 수치의 근거는? 어떤 객관성이 있는가? 등 시시콜콜 논리적인 답변을 요구한다. 그래서 프레젠테이션이 끝까지 계속된 예가 없다고 할 정도다. 이렇게 리더의 변혁 유전자가 강하게 작용하기 때문에 이토요카도 그룹의 모든 회의는 논리적이고 객관적으로 진행된다고 한다. 회의 운영을 통하여 리더의 역량과 철학을 엿볼 수 있다.

리더야말로 회의를 변혁시키는 열쇠이며 기업 유전자를 재편성하는 열쇠다. 리더의 질이 회의의 질이며 경영의 질이다. 회의중 의장의 발언 내용과 그 회의의 긴장감을 보면 그 기업의 미래를 예측할 수 있다. 즉 의장의 역량이 그 기업의 미래를 시사한다.

◦◦ 회의는 의사결정의 정점이다

회의는 의사결정의 집합체라고 할 수 있다. 회의에서 나오는 여러 의견은 각 개인이 발산하는 의사결정의 가설이다. 즉 회의의 최종 결론인 의사결정은, 회의 개최 전후에 걸친 각각의 비즈니스 프로세스의 통합이며 다음 단계 진행을 위한 핵심 포인트라고 할 수 있다.

회의가 시작되기까지 참석자는 자기 나름의 견해로 가설을 세우고 검증을 하고 수정을 거쳐 회의에 참석한다. 그리고 그 가설을 회의에서 논의한다. 회의에서는 여러 국면의 다양한 가설이 서로 충돌한다. 긴장감으로 가득 찬 가설 검증의 장은 점점 논리적이고 창조적으로 가설을 좁혀간다. 그리고 마침내 가설 검증의 공간은 정점에 달하고 결론에 이른다. 결론이 나오면 이번에는 그 안을 실행으로 옮긴다. 논의는 치열하게 하지만 결론이 나오면 그것은 회의 참석자 전원의 결정사항이 된다.

혼히 그 결정에 반대한다는 등의 험담을 하는 사람도 있지만, 옳은 일이 아니다. 반대 의사가 있었다면 회의중에 전력을 다해서 반대를 했어야지! 게다가 일이 잘 진척되지 않았을 때 그럴 줄 알았다는 식의 반응을 보인다면, 정말 될 일도 안 된다. 이런 유전자가 있는 한 그 조직은 진정한 긴장감, 커뮤니케이션, 창조성을 기대할 수 없다. 회의는 비즈니스 프로세스에 있어서 가장 중요한 의사결정이 응축된 정점이다.

∷ 논리적 사고법과 본질적 사고법으로 회의를 '이해하기 쉽게' 만든다

논리적 사고법은 '이해하기 쉽게' 해주는 사고법이며, 본질적 사고법은 '본질적 특징'을 보여주는 사고법이다. 처음부터 질질 끌다가 결론도 없고 내용도 무엇인지 알 수 없는 회의, 목적이 무엇인지 모호하고 어떤 방향으로 가고 있는지 몰라 참석자들을 헤매게 만드는 회의만큼 헛된 것이 없다. 이런 회의에는 논리도 본질도 없다.

회의가 논리적 사고로 충만하다면, 논의의 목적과 주제가 분명해진다. 이어 회의에 긴장감이 돌게 되고 가치기준이 명확하게 드러나게 된다. 이렇게 되면 회의의 내용을 모두 함께 공유하게 되어 짧은 시간이라도 깊이 있는 논의를 할 수 있게 된다.

본질적 사고란 사물의 본질과 특성을 파악하는 것이다. 어떻게 자신의 생각을 분명히 말할지, 어떻게 창조적인 의견을 내놓을지를 생각하면서, 토의다운 토의답게 진지하게 임하면 된다. 그러나 한 가지 안건에 대해 너도나도 달려들어 둥글둥글하고 결점이 없는 것으로 만들겠다는 어리석은 생각, 어리석은 행동은 피해야 한다.

여러 가지 의제 중에서 어느 것을 버리고 어느 것을 취할 것인지를 논의한다. 전략은 끝까지 지켜보고 확인하는 것이며, 경영이란 버릴 것을 제대로 버릴 줄 아는 것이다. 요즘 같은 시장경제시대에 이런 회의가 꼭 필요하다.

논리적 사고와 본질적 사고로 진행되는 회의에는 긴장감이 있고, 서로 격렬하게 반박하는 가운데 가치관의 통합이 이루어져 공감대가 형성된다. 즉 진정한 커뮤니케이션이 이루어진다. 그리고 창조성도 곳곳에서 느낄 수 있다.

❖ 프레젠테이션 기술을 익히면 회의가 즐거워진다

닛코에서 에도마을을 운영하는 주식회사 시대촌時代村의 회의는 옛 에도 성의 내부를 그대로 재연하고 있다. 즉 사장은 단 위의 상좌에 앉고 중역들은 바닥에 예를 갖추고 앉는다. 외부의 시선을 노린 것이지만 정말 충격적이다.

프레젠테이션이 뛰어난 집단의 회의는 내용도 충실하고 시원시원하다. 자못 심각해 보이는 의견 교환도 자연스레 이루어진다. 긴장감도 있고 가치기준도 견고하게 통합되어 있다. 간간히 나오는 웃음도 훌륭한 윤활유다.

프레젠테이션 기술에는 크게 3가지 요소가 있다. 즉 존재감, 시나리오 기술, 의사전달 기술이다.

우선은 시나리오 기술부터 훈련하도록 하자. 기본은 논리적 사고법이다. 내용을 정리하고 그 내용을 체계적이고 본질적이고 알기 쉽게 쓸 수 있는 기술이다.

의사전달 기술은 그냥 말만 하는 차원이 아니라 '생각을 전한다'라는 의미다. 즉 자신의 생각이나 의견을 상대의 마음까지 전달하는 기술이다.

존재감은 '프레젠스presence', 즉 존재다. 이것은 간단히 익혀지지 않는다. 그 사람 자체를 말하며 그 사람의 철학, 가치관, 인생이다. 즉 그 사람의 모든 것이다. 따라서 간단한 훈련을 통해서 얻을 수 없기 때문에 프레젠테이션 기술을 연마하려면 우선 시나리오 기술부터 시작하자.

기업의 조직 전체가 프레젠테이션 능력을 갖추고 있으면 브랜드 파워가 있는 기업이 될 수 있다. 그 반대로 브랜드 파워가 없는 기업은 회사 안팎 전반적으로 프레젠테이션 능력이 없는 기업이다. 경영자에게 프레젠테이션 능력이 없으면 그 회사는 긴장감도 떨어지고 중역 이하 모든 사원의 프레젠테이션 능력이 약하다.

프레젠테이션의 근본은 존재감이다. 그리고 그 존재감의 근본은 그 사람의 인간력, 즉 에너지에 있다. 중역 정도의 위치에 올라 '이 만하면 성공한 인생'이라고 생각하는 사람들은 대체로 프레젠테이션이 서툴다. 진지함이 부족하기 때문이다. 체면이나 지위 같은 것에만 신경 쓸 뿐이며 진짜 필요한 능력이 없다. 그들의 발언은 미사여구의 나열이기 때문에 알맹이도 없고 아무런 감동도 주지 못한다.

이제는 혼이 담긴 진정한 자세로 자신의 생각을 표현해야 한다. 프레젠테이션의 본질은 그 사람의 마음속에 있다. 전심전력으로 프레젠테이션 기술을 연마하자.

●● 공간과 도구는 회의에 생동감을 불어 넣는다

건축가이며 교육자이고 철학자인 독일의 슈타이너는 일찍이 바람직한 교육의 이념과 교육의 방법론을 제시했다. 그것은 자주성을 중시한 자기발견의 교육이다. 그는 그때까지 볼 수 없었던 교실 공간을 제시했다. 그 교실은 흔하디흔한 장방형이 아니라 다면형을 하고 있다. 거기에다 층이 나누어져 있다. 여러 장면, 다양한 목적에 맞는 수업을 할 수 있도록 배려했기 때문이다. 주체성과 창조성을 엿볼 수 있는 공동생활의 공간이다.

회의하는 공간도 다양하면 좋다. 어떤 지사의 사무실은 밖에서 안이 훤히 들여다보이도록 유리로 되어 있다. 또 사방의 벽이 화이트보드로 되어 있어 아이디어가 속속 떠오르는 회의실도 있고, 바닥에 화로를 놓아서 모두 둘러앉아 느긋하게 이야기를 나눌 수 있는 곳도 있다. 요즘은 카운터를 설치한 회의실도 많다. 거울로 된 회의실, 다실을 겸한 회의실, 방음이 되는 조용한 회의실 등도 있다. 또 NASA의 우주선 컨트롤 센터처럼 주위가 거대한 스크린으로 둘러싸인 곳도 있다.

회의실은 지하실처럼 폐쇄된 곳보다 외부와 접해 있으나 조용한 곳이 바람직하다. 회의의 목적에 맞춰서 다양하게 변화시킨 공간 창조도 중요한 회의 혁신의 요소다.

공간은 그 형태나 색채뿐 아니라 테이블과 의자도 중요하다. 필요 이상으로 큰 테이블과 뒤로 젖혀지는 팔걸이의자 같은 것은 회의에 도움이 되지 않는다. 거기에 앉아서는 객관적이고 논리적인 논의를 할 수 없기 때문이다. 그 외에 위압감을 주는 장식물, 푹신푹신한 빨간 카펫, 고급 가죽소파 등도 회의에 도움이 되지 않는다. 탁자와 의자 등 집기는 단순한 것이 좋다. 회의의 주역은 참석하는 사람들이기 때문이다.

또 아날로그적인 화이트보드도 회의의 필수품이다. 참석자들이 책상에 놓인 두꺼운 자료만 들여다보는 구식 회의로는 회의를 활성화시킬 수 없다. 가능한 시각적으로 3차원, 여기에 시간을 포함해서 4차원적 공간을 연출하자.

TV 회의나 인터넷을 이용한 가상 공간도 이제는 상당히 우리에게 친숙해졌고, 각종 회의의 응용 소프트웨어도 더 편리해졌다. 실제 공간만이 회의의 공간이 아니다. 이제는 회의의 질적 향상을 위해 회의 공간과 회의 도구에 대한 탐구도 상당히 중요하다.

그리고 이 모든 것을 소홀히 하면 안 되지만, 회의의 주역은 바로 참석자라는 사실을 잊지 말자.

⠿ 회의 진단은 유전자 진단이다

회의를 어떻게 바꿀까? 회의를 어떻게 활성화시킬까? 그러기 위해서는 회의 진단, 회의 개선, 회의 변혁 프로젝트를 세워야 한다. 이때 주의할 점은 짧은 시간에 회의 체계를 바꾸겠다고 서둘러서는 안 된다는 것이다. 물론 시간 단축도 좋고 회의 체계를 바꾸는 것도 좋지만 회의야말로 기업 유전자의 응집체라는 사실을 염두에 두고 시작해야 한다.

즉 회의의 질이 포인트다. 그것은 비즈니스 프로세스에서 바람직한 회의 개최의 타이밍과 스타일, 바람직한 리더십, 의견 제안 방법 등의 레벨을 말한다. 회의에서 논의되는 내용이 얼마나 알차고 논리적인지, 얼마나 긴장감이 있는지, 속도감이 있는지, 현장감이 있는지, 창조성이 있는지를 점검하고 변혁시키는 것이 중요하다.

회의 진단은 곧 기업 유전자 진단이라는 사실을 의식하고 비전 유전자, 기술 유전자, 스타일 유전자별로 생각해보자. 또 어떻게 하면 변혁 유전자를 찾아낼 수 있으며 그 변혁 유전자를 어떻게 양성하여 우량 유전자로 만들 것인지를 생각해보자. 그러기 위해서 기업 유전자로서의 회의를 진단하고 변혁시킬 수 있는 프로그램으로 전개해나가기를 바란다.

지금까지의 요점을 말한다면 회의는 기업의 흥망을 좌우하는 기업 유전자의 응집체라는 사실이다. 기업 변혁의 방향은 여러 측면이 있다. 기업마다 다를 수도 있다. 그러나 공통점은 '기업 변혁은 경영의 변혁'이라는 사실이다.

05

회의는 비즈니스 엔터테인먼트다

∷ 혹독하기 때문에 더 즐겁다

우수한 운동 코치가 연습시간에 자주 하는 말이 있다. "훈련에 긴장감이 없으면 절대로 대성할 수 없다" "긴장감을 조성하는 훈련방법이 중요하다" "부상은 긴장감이 떨어졌을 때 당한다" "머리로 생각만 해서는 기록이 나오지 않는다. 근육에 기억시켜라" 등등이다.

이 책에서 말하고 싶은 회의의 본질도 바로 이런 말들이다. 긴장감이 있어야 비로소 좋은 결론(의사결정)이 나온다. 이것도 역시 머리만으로는 안 된다. 순간순간이 승부다. 몸이 반응하지 않으면 안 되며 마음이 반응하지 않으면 안 된다. 한 사람 한 사람이 승부다.

가식적인 말, 겉핥기식 분석 자료나 보고, 무엇을 말하려고 하는지 알 수 없는 시간과 공간…. 이래서는 엄숙함도 없고 감동도 없으며 기개도 없다. 이런 상황이라면 누구나 다 도망가고 싶어진다. 하지만 아무도 개선할 생각을 하지 않는다.

우수한 조직은 한 순간만 빛나는 것이 아니라 그 순간순간들이 쌓여 미래를 향해간다. 회의를 통해서 과거를 반성하고, 현재를 바로 보고, 미래를 생각한다.

미래가 보이지 않는 회의만큼 헛된 것은 없다. 행여 실패를 하더라도 모두 함께 나누며 교훈으로 삼는 자세가 필요하다. 그리고 함께 생각하고 의논하여 앞으로 나간다. 이런 사이클은 모두 회의를 통하여 얻어지는 것이다.

닛산 자동차가 어떻게 재기에 성공했는가? 많은 사람들은 원가절감의 악역을 맡은 CEO 카를로스 곤의 공이라고 하지만, 그것이 다가 아니다. 곤은 닛산에 '현장의 중요성' '각 개인의 존재가치' '혹독함을 통한 미래와 그 가치'를 알게 해주었다. 회의를 통해 과거를 반성하고 현재를 직시하고 미래를 생각하는 것이다.

닛산의 재건계획(NRP)은 9개의 통합업무결정팀(CFT)에 의해 책정되었다. 절치부심 끝에 내놓은 계획이었다. 회사의 문제점과 정리 대상자에 대한 문제를 표면화시켜서 NRP의 목표와 추진 방향을 잡았다. 그것은 바로 '책임정신'이었다. 현장에서 반드시 달성해야 할 목표를 분명하게 책임진다.

곤은 "책임정신은 기사도정신이며 무사도정신이다"라고 말한다. 도요타의 비밀이 '긴장감'에 있다면 닛산이 재건할 수 있었던 것은 이 '책임'이라는 긴장감에 있었다. 혼다도 개혁자의 딜레마에 빠질 것을 염려해 아무리 최고의 수익을 달성했다고 해도 긴장의 끈을 절대 늦추지 않고 있다.

닛산의 CFT는 초스피드 의사결정을 원칙으로 하여 노조의 격렬한 활동에 끈기 있게 참으면서 대응했다. 이 초스피드 의사결정과 끈기가 지금의 닛산을 재건시킨 비결이다.

곤은 이 과정에서 큰 깨달음을 얻었다고 한다. 즉 회사의 매출과 이익은 단지 결과일 뿐이고, 그 결과는 사원의 의욕과 단결의 산물이라는 사실이다. 또 그는 "사람을 제대로 볼 줄 알아야 하고, 이 사람이다 싶으면 시시콜콜한 것은 따지지 않는다. 그리고 그 사람의 의욕을 불러일으키는 것이 사장의 할 일이다"라고 말한다. 의욕이 나게끔 공간을 어떻게 긴장감과 커뮤니케이션으로 채울 것인가를 끊임없이 생각해야 한다. 정말 어려운 문제다. 하지만 어렵기 때문에 더 즐거운 법이다. 그것은 대부분 회의를 통해서 가능하다.

혹독한 회의야말로 비즈니스 엔터테인먼트다.

●● 회의가 바뀌면 회사도 바뀐다!

혼다는 '긴장감'이라는 기업 유전자로 꿈, 기쁨, 이념, 비전 등을 실현시켰다. 정말 파격적이고 이례적이며 억지같이 보였지만 해냈다. 혼다는 칭찬에 인색하다. 냉혹함의 극치다. 당연히 해야 하고 당연히 해내야 한다. 그렇지 못하면 혼쭐이 난다. 게다가 기대치는 상당히 높다.

요즘 어린이들에게는 헝그리 정신이 없다. 또 제대로 놀지도 못하고, 제대로 공부도 안 하며, 몸도 움직이지 않고, 책이나 신문도 안 읽는다. 심약한 어린이가 점점 늘어가고 있다. '자신이 쓸모없는 인간이라고 생각하는가?'라는 질문에 30퍼센트가 그렇다고 대답했다. 20년 전의 두 배도 넘는 수치다. 이는 긴장감이 없기 때문이다. 학교에서나 집에서나 아무도 훈육하지 않고, 커뮤니케이션도 거의 이루어지지 않고 있다. 메일이나 휴대전화로 두서없는 대화만 끊임없이 교환할 뿐이다. 그 어디에서도 진지함은 찾아볼 수 없다.

그러나 실제로는 '진지함'을 원하고 있다. 진지하게 되기를 바라지만 좀처럼 실마리를 찾지 못하고 있을 뿐이다. 이 모두 어린이에게 긴장감을 심어주지 않은 어른들의 잘못이다.

지금까지의 입시제도가 거의 의미가 없어졌는데도 어른들은 여전히 일류 학교에 넣으려고 기를 쓴다. 유명 학교에 입학하는 것이 당사자인 학생보다 부모의 희망이 되어버렸다. 이는 부모들의 일류병일 뿐이다. 정말 한심한 일이다.

사회 전반에 걸쳐서 긴장감과 진실한 커뮤니케이션, 그리고 지금까지의 가치관을 무너뜨리고 새로운 시대를 창조할 창조성이 없어져버렸다. 진정으로 야단치는 어른다운 어른이 없기 때문에 긴장감이 희박한 사회가 되어버렸다.

재고가 항상 단 2일치밖에 없는 세븐일레븐의 배경에는 매주 반나절에 걸친 OFC와 점장의 필사적인 회의가 있다. 그들은 각종 데이터를 분석하고 하루 동안 갖추어야 할 상품을 검증한다. 이러한 데이터 분석, 긴장감, 창조성, 진지한 커뮤니케이션이 세븐일레븐의 성공 배경이다.

도요타, 닛산, 혼다, 캐논의 강점도 그 뿌리가 같다. 즉 긴장감, 커뮤니케이션, 창조성이다. 이런 기업 유전자가 기업의 발전을 가져오고 좋은 결과를 가져다준다.

잊지 말아야 할 것은 이 기업 유전자의 대부분이 회의를 통해서 생긴다는 사실이다. 회의를 바꿔야 회사가 산다!

리더십에 따라
달라지는 회의 운영

01

회의에 나타나는
리더십과 리더십 부재

❖❖ '고객의 대변자' ─ 진화되고 다양화되는 리더십

'고객제일주의' '고객우선' '고객지향 경영' '고객이 왕!' 등은 회사 안내문에서 자주 보는 메시지다. 그 말이 진짜인지 알아볼 방법이 있다. 회의중에 의사결정자가 하는 질문과 발언을 보면 알 수 있다. '고객은 무엇 때문에 기뻐하는가?' '고객 편의를 위해서 무엇을 하고 있는가?' '고객이 지금 원하는 것은?' '고객만족을 최우선으로!'처럼 의사결정의 초점이 고객에 맞춰 있다면, 진짜다. 그러나 표방하고 있는 말과 회의의 의사결정 내용이 다르면, 이는 거짓말쟁이 회사다.

이런 중대한 일에 아무렇지도 않게 거짓말을 늘어놓는 회사는 신뢰할 수 없다. 이래서야 어린이들이, 거짓말만 하는 어른이 되고 싶겠는가? 제대로 된 젊은이라면 이런 회사에서 일하고 싶어 하지 않는다. 어른이 되지 않은 채 프리터로 살아가는 젊은이가 늘어나는 것도 이해가 간다.

경영자의 참됨과 성실함은, 요즘처럼 불미스러운 일이 많은 비즈니스 세계에서 요구되는 리더의 조건이다. 업계는 이제 바뀌었다. 물자부족 시대에는 물자의 흐름이 생산자에서 소비자에게로 흘렀지만, 요즘처럼 물자가 넘치는 시대에는 정보가 소비자에서 생산자에게로 흐른다. 만약 시장의 정보가 소비자에서 생산자로 제대로 흐르지 못하면 불필요한 공급이 넘치게 된다.

기업 경영도 마찬가지다. 이제 뒤집어서 생각해야 한다. 모든 의사결정의 중심에 고객을 둔다. 델 컴퓨터나 아스쿨은 콜 센터를 대단히 중요하게 여긴다. 고객과 가장 가깝기 때문이다. 이런 관점에서 볼 때 누가 가장 현명한지 분명해진다. 고객을 가장 우선시하며 이해하려고 노력하는 사람이 현명한 사람이다. 이제 리더십도 다양화되었다.

이토요카도의 스즈키 회장은 회사 내에서 고객을 가장 잘 파악하고 있는 고객 대변자다. FC 회의 도중 졸고 있는 OFC를 야단치는 이유는, 고객의 소리를 듣지 않고 있기 때문이다. 회의의 논제는 모두 '고객'이다. 정확한 데이터를 무기로 고객 행동의 본질에 초점을 맞춘다. 델 컴퓨터의 델은 자기 시간의 40퍼센트를 고객을 위해서 할애한다고 하며, 카오의 마루타는 점포에 전용 의자를 마련해두고 주말마다 거기에 앉아서 직접 고객의 움직임을 관찰한다고 한다.

이 세 경영자의 공통점은, 기업의 리더가 직접 고객의 소리를 대

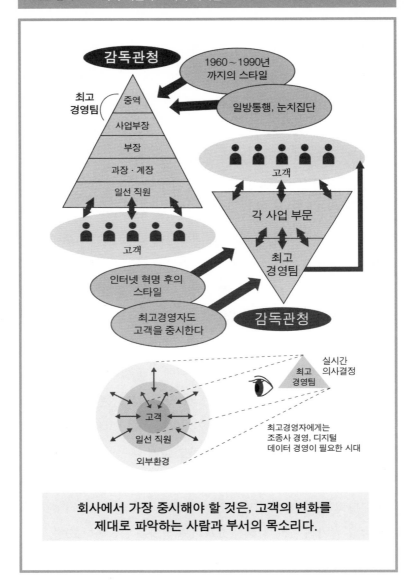

감독관청

1960~1990년
까지의 스타일

일방통행, 눈치집단

최고
경영팀

중역

사업부장

부장

과장 · 계장

일선 직원

고객

고객

각 사업 부문

최고
경영팀

인터넷 혁명 후의
스타일

최고경영자도
고객을 중시한다

감독관청

실시간
의사결정

최고
경영팀

고객

일선 직원

외부환경

최고경영자에게는
조종사 경영, 디지털
데이터 경영이 필요한 시대

**회사에서 가장 중시해야 할 것은, 고객의 변화를
제대로 파악하는 사람과 부서의 목소리다.**

변한다는 것이다. 업계끼리의 경쟁은 하지 않는다. 고객의 눈을 통한 평가가 아니면 아무 의미가 없기 때문이다.

예전에 성공한 사람들은 흔히 "우리는 시장을 한 손에 쥐고 있다"고 말했다. 그러나 이제는 그렇지 않다. 고객은 무서운 속도로 변하고 있다. 그렇게 변화무쌍한 고객의 욕구를 실시간으로 파악하려는 노력을 얼마나 하고 있는가? 이것이 리더에게 요구되는 자세다. 회의에서의 의사결정을 보면 리더의 경영 방침을 읽을 수 있다.

경영자에게는 '고객의 대변자'로서의 리더십이 필요하다. 정치가나 관료라면 '국민의 대변자' 역할이 요구된다. 나라의 리더는 수상이며 기업의 리더는 경영자, 학교의 리더는 교장이다.

오늘날의 세태를 보면 이들 모두 진실과 거리가 멀다. 한 집단이 구성되면 제일 높은 사람이 자연히 리더가 되는 이런 사회를 그냥 둘 수 없다. 리더십을 바꾸기 전에 우선 리더십을 창출해야만 한다.

리더십은 회의에서 나온다. 회의를 바꾸면 리더십을 창출할 수 있다.

02

회의에 참여함으로써
리더십을 키운다

∷ '회의라는 장'을 리더십 실천 도장으로 만든다

스즈키 회장이나 카를로스 곤같이 리더십 있는 의장이 주재하는 회의는 효율적이고 부가가치가 높다. 그러나 늘 그렇게 회의에 최고경영자가 참석하는 것은 아니다. 리더가 없거나 리더십이 부재인 회의가 훨씬 많다.

'누군가'가 없으면 회의의 생산성이 올라가지 않는다고? 그렇다면 그 누군가를 대신할 분신을 만들면 된다. 그런데 아무도 총대를 메려고 하지 않는다면 바로 당신이 나설 수밖에 없다. 지레 겁먹을 필요는 없다. 이 기회를 자신의 리더십 트레이닝의 장으로 바꾸는 것이다.

회의중에 리더십을 발휘할 수 있는 사람이라면 위기에 맞닥뜨려도 그것을 기회로 바꿀 수 있는 능력이 있다. 늘 회의를 통하여 리

도표 2-2 리더와 경영자의 다른 점

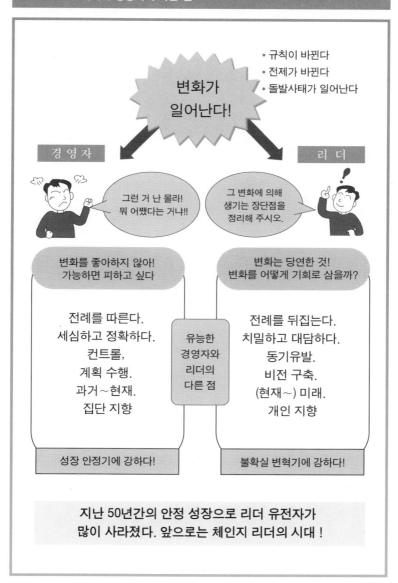

변화가
일어난다!

* 규칙이 바뀐다
* 전제가 바뀐다
* 돌발사태가 일어난다

경 영 자

리 더

그런 거 난 몰라!
뭐 어쨌다는 거냐!!

그 변화에 의해
생기는 장단점을
정리해 주시오.

변화를 좋아하지 않아!
가능하면 피하고 싶다

변화는 당연한 것!
변화를 어떻게 기회로 삼을까?

전례를 따른다.
세심하고 정확하다.
컨트롤,
계획 수행.
과거~현재.
집단 지향

유능한
경영자와
리더의
다른 점

전례를 뒤집는다.
치밀하고 대담하다.
동기유발.
비전 구축.
(현재~) 미래.
개인 지향

성장 안정기에 강하다!

불확실 변혁기에 강하다!

지난 50년간의 안정 성장으로 리더 유전자가
많이 사라졌다. 앞으로는 체인지 리더의 시대 !

더십 트레이닝을 하고 있기 때문이다. 도전해볼 가치가 있지 않은가? 다만 착각은 금물이다. 리더십은 리더가 갖는 것이다.

사람들은 아무 생각 없이 리더와 경영자를 혼동해서 쓰고 있다. 이 둘은 엄연히 다르다. 도표 2-2에서 리더와 경영자의 다른 점을 알아보자. 앞으로는 단순한 경영자는 필요 없다. IT가 대신해주기 때문이다. 하지만 IT에 리더 역할까지 기대할 수는 없다. 그렇기 때문에 리더십이 꼭 필요한 것이다.

리더십의 개념을 재정립해보자. 당신은 어떤 리더를 따르겠는가? 자신의 욕구를 채워줄 수 있는 리더가 있다면 자연히 그 리더를 따르게 된다. 만약 그 욕구가 금전이라면 급료를 높게 주는 리더를 따를 것이고, 욕구가 보람이라면 자신의 능력을 끌어내주고 성장시켜줄 리더를 따를 것이다.

물질적으로 어느 정도 충족된 지금 21세기형 리더는, 구성원의 능력을 끌어내고 팀을 구성하는 데 달인의 수준이 아니면 안 된다. 비전의 실현 가능성에 믿음을 주지 못하는 리더, 즉 회의 운영이 서툰 리더는 이제 설 자리가 없다. 어디의 '장長'쯤 되면 회의 운영에 대해 어떠한 평가를 받아도 불평할 수 없다.

한 조직의 최고책임자가 단순히 경영자로서만 만족하고 있는데도 방치한다면 이 조직의 장래는 없는 것과 마찬가지다. 그런 경영방식, 사고방식은 완전히 뜯어고쳐 바로 세워야 한다.

⠿ 리더의 질을 높인다!

닛산의 주주 총회에는 꼭 가보고 싶다. 1급의 비즈니스 엔터테인먼트이기 때문이다. 카를로스 곤의 이야기를 듣는 것이라면 강연으로도 충분하다. 주주 총회는 경영자와 주주의 사활을 건 승부의 장이며 또한 제휴의 장이다. 그 긴장감 넘치는 현장을 체험해보고 싶다. 그 사람이 주재하는 회의에 참석하고 싶게 하는 리더, 잭 웰치. 그가 주재하는 회의에 참석하여 그의 발언과 질문을 훔치고 싶다.

사람들은 자신의 잠재력을 일깨워주는 리더를 따르고 싶어 한다. 혼자서는 도저히 달성할 수 없는 목표도 팀이 함께 하면 문제없다. 성공 여부는 한 사람 한 사람의 능력을 끌어내주는 리더를 만나느냐 못 만나느냐에 달려 있다. 권위만 내세우는 관리자는 이제 통하지 않는다. 그리고 조직에 대한 맹목적인 충성심도 기대할 수 없는 시대다.

1급 리더는 교육자다. 자기 주위에 차기 리더가 자랄 수 있도록 의식하고 행동한다. 1급 리더는 회의를 통하여 리더십을 가르친다. 회의는 가장 가치 있는 교육의 장임을 잊지 말아야 한다. 군더더기는 없는지, 본질을 알고 있는지를 판별하는 능력, 이것은 리더의 발언과 질문에 그대로 드러난다. 감탄사가 절로 나오는 질의응답은 참석자의 기대치를 점점 높여준다.

발언하는 가운데 명확하게 드러나는 의지가 실내를 가득 메우고 그 적극적인 기운이 참석자들의 동기를 유발시킨다. 그리고 '할 수 있다!'는 자신감이 솟아나게 한다. 리더는 그곳에 있는 사람들의 가능성을 끌어내기 위해서 자신을 객체화시킨다. 어떠한 상황에서도 리더 자신은 하나의 존재를 초월해서 팀 전체의 목표를 향해 움직이기 때문에 사람들의 마음을 움직이는 것이다.

:: 리더는 팀의 힘을 끌어내는 데 초점을 맞춘다

미국에 이런 이야기가 있다. '무능한 리더는 반드시 다음 두 가지 중 하나다. 첫째, 경영 회의를 전혀 열지 않는다. 둘째, 설령 연다고 해도 그 운영 방법이 형편없다.'

리더는 경영진과의 정기적인 회의(문제 해결과 의사결정 회의)를 통해서 배우며 성장한다. 이렇게 정기적인 경영 회의에서 경영진의 능력을 끌어낼 수 있게 되면 비로소 리더로서의 자격을 갖추게 된다.

1983년 8월 델 컴퓨터는 창립 이래 가장 힘든 시기를 맞았다. 이 회사의 마이클 델은 재건 계획의 하나로 회사 밖에서 지원책을 찾았다. 전문 CEO인 캐빈 롤링스를 영입한 것이다. 이렇게 해서 '데이터는 친구'라는 델의 문화가 회사 발전을 위한 기반으로 확립되었다. 그 후로도 계속해서 경험과 지성을 겸비한 인재를 시의적절하게 경영진에 합류시켜갔다.

현재 델의 경영진은 경력이나 경험이 다양한 인재들로 채워져 있다. 델이 자신의 한계를 인식하고 자신보다 유능한 프로 경영인을 파트너로 해서 팀을 만들었기 때문에 델의 경이로운 쾌속 행진이 가능했다. 다이내믹하고 끊임없는 업계의 변화에 신속하게 대응할 수 있는 경영팀은 델의 강점 중 하나다.

창업 이래 혼다 사의 꿈을 실현시킨 일등 공신은 혼다와 후지사와 다케오다. 그러나 세대교체의 필요성을 느낀 후지사와는 1970년 4월, 4전무 집단지도체제로 바꿨다. 사무실도 네 사람이 항상 논의할 수 있도록 규모를 크게 했다. 차세대를 짊어진 당사자들은 항상 기탄없이 의견을 주고받았고 때로는 술좌석에서도 경영 회의를 이어갔다. 무슨 일이든지 함께 의논하는 관계를 쌓아갔다. 후지사와는 회의중에도 네 사람의 의견을 성실히 들었으며 그들의 의견을 존중했다. 곤과 마찬가지로 팀에 어울리는 사람을 뽑는 것을 가장 중요하게 여겼고, 그 다음 일은 모두 당사자에게 '전적으로 맡기는 자세'로 일관했다.

GE의 워크아웃 회의도 '문제의 답은 현장에 있다'는 사고방식이다. 리더라고 해서 모든 답을 제시할 수는 없다. 그렇기 때문에 당사자들이 모두 모여 의견을 말하고 스스로 해결해나가는 회의 방법을 택하고 있다. 마이크로소프트에는 16명으로 구성된 경영팀이 있다. 그들 중에는 빌 게이트보다 연봉이 높은 사람도 있다고 한다.

리더는 자신이 최고일 필요는 없다. 자신과 뜻이 같은 유능한 인재를 찾아내어 그들의 능력을 이끌어내는 데에 초점을 맞추면 저절로 리더의 질이 향상된다.

03

기본이 되는
'회의진행 능력'을 터득한다

❖❖ 리더십의 기본 요소, 회의진행 능력

리더십에는 높은 커뮤니케이션 능력이 필요하다. 지도감독 능력, 동기부여 능력, 상담 능력, 스피치 능력 등 고도의 대인 능력에 회의진행 능력까지 필요하다.

회의진행 능력은 회의를 좀더 목적에 맞게 가장 효율적으로 운영하는 능력을 말하는데 여기에는 창조성도 포함된다. 새로움에 대한 도전과 아이디어 없이는 효율적인 운영을 기대할 수 없다. 좋은 회의란 생산성(효율성)과 창조성(부가가치) 중 택일이 아니라 이 둘이 서로 부딪치며 융합해가는 과정이다.

본래 퍼실리테이트facilitate란 '~을 용이하게 하다'라는 의미다. 회의할 때의 진행자 역할은, 참석자 모두가 하나의 목적 달성을 향해 좀더 쉽게 의견을 낼 수 있고 진지한 회의가 될 수 있도록 방향을 잡아주는 것이다.

그럼 회의에는 어떤 역할들이 필요할까? 사회, 의장, 기록(판서, PC 입력, 촬영, 녹음), 참석자, 상담역, 조언자, 참관자, 기타 관계자 등과 회의 진행자…. 어떤 역할이 필요한지는 회의의 크기와 목적에 따라 다르다. 그리고 아무리 작은 회의라도 주최자 측과 참석자 측은 반드시 있다. (도표 2-3)

회의에서 회의 진행자는 회의의 주제에 대해 중립적인 입장을 취한다. 그런 의미에서 외부 컨설턴트가 맡는 경우도 많다. 하지만 의장과 사회자가 중립을 지킬 수 있다면 그들이 회의 진행을 맡기도 한다. 그럼, 요즘의 회의를 머리 속에 그려보자. 다음에 해당되는 사람은 없었는가?

> ● 참석자 : 매사 반대주의, 무책임형, 분석가, 분위기 띄우기
>   파, 분위기 깨기파
> ● 의장 : 독단형, 대인기피형, 산만형, 방치형, 기만형

대개 이들 중 하나나 둘은 있겠지만 다양성도 인정해야 한다. 때로는 이들이 오히려 본질을 가려낼 수 있는 좋은 기회를 만들어주기도 하기 때문이다. 하지만 여기에 유능한 회의 진행자가 없다면 회의는 성과 없이 끝날 가능성이 높다. 그리고 회의의 의미와 목적도 확실하지 않은 데다 귀찮으니까 그만하자는 무책임 포자가 회의실에 확산되고, 그것이 조직 유전자가 되어 도처로 퍼져나가게 될

것이다. 한 가지를 보면 만사를 알 수 있는 법이다.

결과적으로 시간만 낭비하는 무책임한 유전자가 활성화된다. 이런 회의를 박멸하기 위해서 회의진행 능력이 필요하다. 한 사람 한 사람의 주체성을 끌어내고 생산성을 최대한으로 올리기 위해 도전해보자. 바람직하지 못한 회의에 제동을 걸고 자신감 넘치는 회의로 바꾸어나가자.

∷ 회의의 목적에 맞춘 리더십

컨설턴트가 회의 운영을 잘하는 이유는 회의의 목적을 놓치지 않기 때문이다. 발언 내용과 회의의 목적이 무엇인지 명확히 하고, 그것들을 참석자 모두가 놓치지 않게끔 도와준다. 아무것에도 얽매이지 않은 외부 컨설턴트가 오히려 프로젝트에 관여하기가 유리한 경우도 많다. 물론 참석자는 그 컨설턴트를 신뢰하고 안심할 수 있어야 한다.

또 컨설턴트는 상황에 맞춰 능숙하게 대처한다. 만약 회의 주제에 대해 참석자가 공통된 문제의식과 지식 수준을 갖고 있으면 불필요한 논의는 과감히 생략하고 직선형 회의를 한다. 그리고 반대의 경우에는 목적 달성의 저해 요인을 줄여나가는 곡선형 회의로 바꾼다. 어느 쪽이든 대응이 가능하고 상황을 읽어내는 속도도 빠르다.

사람이 두 명 이상 모이면 회의다. 그리고 회의에서의 리더십이란 집단을 어떻게 이끌어 가느냐이다. 개인에 대한 커뮤니케이션 능력뿐 아니라 집단이 가진 역학에 초점을 맞춰야 한다. 일 대 일로 상대할 때는 매력적인 사람이 집단 속에서는 통 빛을 발하지 못하는 경우가 있다. 또한 그 반대도 있다. 때로는 집단 내 소수 이단자와의 커뮤니케이션 때문에 집단 전체를 적으로 돌리는 경우도 있다.

회의의 목적을 파악하는 것만큼 중요한 것은 융통성 있는 스타일이다. 보고가 목적이라면 알기 쉽게, 아이디어를 내놓거나 논의가 목적이라면 자신 있게, 결정이 목적이라면 즉각 실행에 옮길 수 있도록 리드한다. 그러기 위해서 어떤 능력이 필요한지 알아보자.

∷ 회의 진행을 위한 노하우

컨설팅 프로젝트의 현장에서 참석자의 주체성과 전체 생산성을 최대한 이끌어내는 회의 진행 기술 4가지를 알아보자.

- 한 사람 한 사람의 책임감을 강화시키는 기술
- 질문을 통해 최대로 이끌어내는 기술
- 상반되는 의견을 융합·승화시키는 기술
- 회의장에서의 레벨을 일정하게 유지시키는 기술

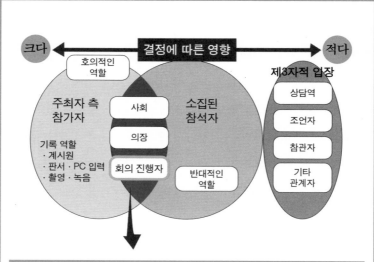

회의진행 기술	기술의 구체적인 예	활용
1. 한 사람 한 사람의 책임감을 강화시킨다	· 찬성인가 반대인가 선택하게 한다. · 반드시 이름을 부른다. · 목적과 각자의 관계를 확인한다.	· 프로젝트 착수 · 프로젝트 최종단계 (앞으로의 활동에 책임)
2. 질문을 통해 최대로 끌어 낸다.	· 왜 찬성하고 반대하는지의 이유를 말하게 한다. · 질문이 나오면 참석자가 함께 답을 찾는다.	· 분위기가 지루해졌을 때 · 발언자가 한정되어 있을 때 · 한쪽 방향으로 흐를 때
3. 상반된 의견을 융합·승화 시킨다.	· 목적을 향한 공통된 생각을 되풀이 한다. · 공통의 문제의식을 심화한다.	· 감정적 발언이 계속될 때 · 논의의 합의점이 안 나올 때 · 의견일치가 필요할 때
4. 회의장의 레벨을 일정하게 유지시킨다.	· 시간적 간격을 둔다. 누군가 발언할 때까지 침묵한다. · 데이터, 정보를 제공한다.	· 능력, 문제의식, 정보에 현격한 차이가 보일 때 · 감정적으로 흥분되었을 때

**훌륭한 리더는 모두의 잠재력을 끌어내는 회의진행 능력이 있다.
한 사람이 참여했다고 느끼 수 있는 장을 만들자.**

도표 2-3에 그 사용 방법을 소개해보았다. 이 4가지 기술은 회의에 없어서는 안 된다. 어떤 기술을 언제 사용할지는 전적으로 회의 진행자의 역량에 달려 있다. 이것이 몸에 배어 있지 않으면, '다음엔 이런 질문을 해야지' '지금은 침묵으로 분위기를 잡자' 등등을 일일이 생각하게 된다.

비결은 현재 발언하는 사람의 발언 내용에 모든 신경을 집중하는 것이다. 처음엔 어렵다. 자기도 모르게 '다음엔 무슨 말을 할까?' 하고 다음에 할 말을 생각하게 된다. 그것은 발언자의 말이 끝난 다음에 이어지는 비평, 질문, 태도에 그대로 드러난다.

발언자의 발언은 절대 소홀히 듣지 않아야 한다. 발언을 진지하게 듣는지 아닌지는 발언자는 물론이고 주위 사람 모두 알 수 있기 때문이다. 발언자 역시 자신의 변명만 늘어놓거나 주제 파악을 하지 못하고 있거나 자신의 주장대로 유도하려 한다거나 다른 사람의 의견을 무시한다거나 하면 즉시 교체해야 한다. 좋은 회의가 될 수 없기 때문이다.

회의 진행자는 누구나 발언하기 쉽도록 회의 분위기를 주도한다. 이러한 자세가 참석자의 적극적인 참여를 유도한다. 만약 발언이 제대로 받아들여지지 않는 회의라면 잠자코 있는 편이 낫다. 일단 그런 분위기가 조성됐다면 이 회의는 하나마나한 회의다.

참석자 한 사람 한 사람이 활발하게 회의에 참여할 수 있게 하려면 발언자에게 집중하고 그 의견을 존중한다. 그리고 개선점이 있으면 명확히 해두고 계속 의논을 해나간다. 이때 대다수가 이해하

지 못하는 의견이 나오면 회의 진행자가 대변해주거나 이해를 도와
준다. "맞아, 바로 그거야!" "이제 알겠어"와 같은 순간의 신뢰로
일체감이 조성된다.

이렇게 회의 진행자는 회의장의 분위기나 움직임을 일정하게 유
지시킨다. 또한 항상 참석자들에게 긴장감을 갖도록 해주고 그저
앉아만 있거나 듣게만 하지 않고 자발적으로 참여할 수 있도록 도
와주는 것도 회의 진행자의 중요한 역할이다.

회의진행 능력 이외에 리더십에 필요한 여러 가지 능력에 대해
계속해서 알아보자.

04

회의로 바뀌는 경영 – 긴장감, 커뮤니케이션, 창조성

제1장에서 경영의 기반은 긴장감, 커뮤니케이션, 창조성이라고 정의했다. 그러면 회의에서는 이 경영 기반이 어떻게 나타날까?

- 긴장감 : 참석자 한 사람 한 사람을 진지하게 집중시킨다.
- 커뮤니케이션 : 발언과 질문의 장을 개방함으로써 활발하게 한다.
- 창조성 : 긍정적이고 미래지향적으로 바람직한 회의가 되기 위해 할 수 있는 방법을 생각한다.

그럼 어떻게 하면 회의에서 이 3가지를 지킬 수 있을까? (도표 2-4)

:: 회의에서의 긴장감이란 진지하게 집중시키는 것

회의에서의 의사결정은 사람의 운명을 좌우한다. 나라나 경영의 의사결정에 따라 회비가 엇갈리는 인간 드라마가 탄생하기도 한다. 그렇게 책임이 무거움에도 불구하고 성의 없고 허술하기 짝이 없는 의사결정이 너무나 많다. 긴장감이라는 시각에서 볼 때, 우리의 회의에는 2가지 'D'가 빠져 있다.

● 첫째 'D'는 Data(객관적 정보)
● 둘째 'D'는 Disclosure(정보 공개)

그 결과 경영은 엉터리가 되어버렸다. 담합, 내부거래, 부정, 뇌물, 뒷거래 등 모두 밀실에서 이루어지고 있다. 회의중 누가 보아도 부끄럽지 않은 발언과 행동을 하고 있는가? 회의가 공개된다고 해도 상관없이 보편성과 객관성이 있는가?

우선 하나도 빠뜨리지 않고 녹화와 녹음을 하는 것은 무리겠지만 적어도 사원들에게 의사록 공개는 철저히 해야 한다. 공개된다는 의식은 참석자를 진지하게 만든다. 어떤 의사결정을 어디에서 누가 어떤 수순으로 하고 있는지 사원들은 알 권리가 있다. 그리고 주주도 역시 알 권리가 있다.

다음으로 의사결정에 대한 책임 소재를 명확히 해두어야 한다. 책임이 있다고 생각되면 진지하게 집중하게 된다. 하지만 우리는

도표 2-4 회의로 바뀌는 경영

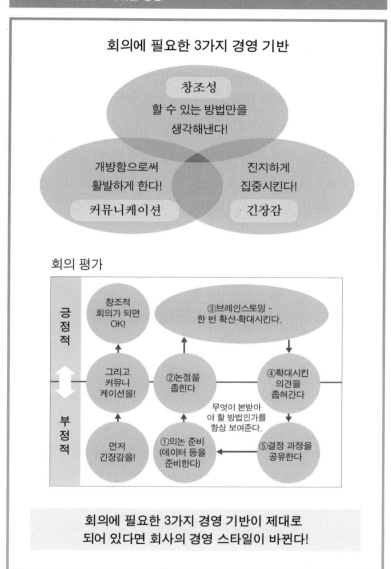

회의에 필요한 3가지 경영 기반

창조성
할 수 있는 방법만을
생각해낸다!

개방함으로써
활발하게 한다!
커뮤니케이션

진지하게
집중시킨다!
· 긴장감

회의 평가

긍정적

창조적
회의가 되면
OK!

③브레인스토밍 -
한 번 확산·확대시킨다.

그리고
커뮤니
케이션을!

②논점을
좁힌다

④확대시킨
의견을
좁혀간다

부정적

먼저
긴장감을!

①의논 준비
(데이터 등을
준비한다)

무엇이 본받아
야 할 방법인가를
항상 보여준다.

⑤결정 과정을
공유한다

회의에 필요한 3가지 경영 기반이 제대로
되어 있다면 회사의 경영 스타일이 바뀐다!

책임을 다하지 못했을 경우 그에 대한 책임 추궁이 엄하지 않기 때문에 진지함이 부족하다.

그리고 좀더 사실 정보fact 위주의 회의로 바뀌지 않으면 안 된다. 우리는 너무나도 데이터를 소홀히 한다. 객관적 데이터를 통해서 새로운 가설과 은폐된 사실을 찾을 수 있다. 명함이나 명성의 크기로 의사결정이 좌우되는 회의에서는 정보 공개를 기대할 수 없다.

밀실의 문을 열고 투명성을 높이려는 노력이 아직 보이지 않는다. 주주대표 소송과 내부자 고발, 이 두 경로에 의해 진실이 낱낱이 밝혀지기 전에 스스로를 바로잡는 기업의 자세, 이것은 회의실에서 시작된다.

:: 회의에서의 커뮤니케이션이란 공개적이고
   활발하게 의논하는 것

앞에서 말한 기업 공개, 투명성은 회의가 '외부를 향해서' 공개한다는 뜻이다. 여기에서는 회의가 참석자에게 공개적인가 아닌가를 다루고자 한다. 참석자 서로간의 커뮤니케이션을 활성화시키자는 의미다. 회의진행 기술과도 일맥상통한다.

커뮤니케이션이라는 시각에서 볼 때, 우리의 회의는 2가지 'D'가 제대로 기능하지 않는다.

> ● 첫째 'D'는 Discussion(진지한 의논)
> ● 둘째 'D'는 Debate(논쟁)

　말은 하는데 핵심이 없고, 결정은 하는 것 같은데 아무것도 결정된 것이 없다. 그리고 알 것 같은데 아무것도 알 수가 없다. 이런 선문답 커뮤니케이션이 지금 우리들 회의의 모습이다.

　참된 논의를 위해서는 참석자 각자가 정확한 데이터를 바탕으로 자기 나름의 의견을 내놓아야 하는데, 그렇지 못하면 깊이 있는 논의가 이루어지지 않는다. 그리고 좀더 건설적이고 진보적인 논의를 위해서는 화이트보드, 플립차트, PC 등 정보를 공유할 수 있는 도구가 필요하다. 이때 꼭 유념해야 할 점은 글자의 크기다. 뒷자리에 앉은 사람도 볼 수 있는 크기로 써야 한다. 작고 가느다란 글씨는 회의장의 활력을 앗아간다.

　한 사람 한 사람의 긴장감을 지속시키고 커뮤니케이션을 활성화시키려면 일방통행은커녕 쌍방향 토론 정도로도 부족하다. 세 사람 이상이 시너지 효과를 낼 수 있는 구조를 만들어야 한다. 그리고 신입사원은 회의의 내용을 잘 모르는 게 당연하다. 그들이 이해할 수 없는 용어를 사용하는지 또 어려운 분위기인지 다시 한 번 확인해보자. 만약 어려운 질문이라면 중견 참석자에게 답하게 하자. 또한 질문에 대한 답변에 점수를 매겨 100점부터 5단계로 손을 들게 해보자. 전원이 스스로 판단하게끔 하며 어떤 점수에 손을 들더라도 왜 그런지 그 이유를 반드시 확인하자. 어쨌든 일부만이 참여하는 분위기는 바람직하지 않다. 항상 전원이 참여하게 하여 긴장 커뮤니케이션이 지속되도록 신경 쓴다.

구미 지역에서는 만장일치로 찬성할 때, 누군가 한 사람이 악역을 맡는다. 즉 '반대의견 제창자'가 나온다. 전원 찬성은 뭔가 부자연스럽지 않은가? 뭔가 놓치고 있는 것은 아닌가? 분위기에 휩쓸린 것은 아닌가? 이런 것들을 검증하는 중요한 역할이다. 이럴 때 논쟁으로 단련된 사람이 아니면 자신의 의견과 반대의 입장에 서는 일은 매우 어렵다. 순수하게 논리를 정리할 수 있는 사고력이 필요하다. 이것이 가능해지면 다른 사람들의 의견이나 행위 등을 분석할 수 있게 된다. 보통 사람들은 이것이 서툴다.

싫은 소리를 하거나 미운 짓을 한 사람을 무턱대고 싫어할 것이 아니라 그가 취했던 싫은 언동과 그 사람 자체를 분리시켜서 판단할 수 있어야 한다. 사람은 언제라도 변할 수 있기 때문이다. '그는 늘 이런 사람이다'라는 선입견은 판단을 흐리게 할 소지가 있다.

좋은 회의를 위해서는 격렬한 토론을 피해서는 안 된다. 아니 꼭 필요하다. 이 사고방식을 회의의 규칙으로 삼고 회의 진행자가 이를 부추긴다. 이때 '규칙이기 때문에 반드시 지켜야 한다'는 강제성도 처음에는 필요하지 않을까? 그리고 그것을 점차 기업 유전자로 자리매김해나가기를 바란다. 2D와 또 다른 2D, 합해서 4개의 D를 바꾸면 경영이 바뀐다.

:: 회의에서의 창조성이란 바람직한 회의를 위해
할 수 있는 방법만을 생각하는 것

대체로 조직의 샐러리맨은 창조성, 독창성이 약하다. 술자리에서는 그렇게 돌변하는 사람들이 술자리와 회의에서 보여주는 모습의 차이가 너무나 크다. 이 둘을 합해서 둘로 나눈다면 딱 좋을 것 같은데….

벌을 주거나 점수를 깎는 제도는 오히려 사람들의 의욕을 꺾는다. 상을 준다거나 점수를 더해주는 제도를 규칙으로 정해놓고 의욕도 불러일으키고 여유도 갖기를 바란다. 중간 중간 재미있는 요소를 섞으면 더욱 효과적이다.

예를 들면, 하지 않겠다, 못 한다 등의 '평계 발언'에는 발을 쿵쿵 구르고, 하겠다, 할 수 있다 등의 '주체적 발언'에는 도전 정신을 칭찬하고 사탕을 주는 규칙을 정해 놓는다.

하지 않는, 못 하는 이유는 얼마든지 있을 수 있다. 그래서 못 했을지도 모른다. 그러나 앞으로는 이런 발상과 태도를 바꾸지 않으면 안 된다. 우선은 다양한 아이디어가 속속 떠오를 수 있는 풍토를 만드는 것이 선결 과제다. 그러다가 입만 산 집단이 되지 않겠느냐고? 지금까지 충분히 변명만 하던 집단이기 때문에 적어도 긍정적이다. 걱정할 필요는 없다.

우리가 아무리 노력을 한다 해도 세계적 디자인 회사 IDEO만큼 되기는 힘들 것 같다. 이 회사에는 ABC 방송에서 다큐멘터리로 방송되기도 했던 전설적인 회의가 있다. 혁신 기술의 탄생 순간을 그대로 카메라에 담는 것이 이 프로그램의 목적이었다.

IDEO에 미국 내 슈퍼마켓에서 쓰는 그 천편일률적인 쇼핑 카트를 1주일 안에 모두 다시 만들라는 과제가 주어졌다. 어떻게 핫 팀 hot team을 구성하고 얼마나 쿨cool한 쇼핑 카트를 만들어낼까? 그 놀랄 만한 창조력의 비밀은 브레인스토밍brain storming(회의 등에서 각자가 생각나는 대로 여러 의견을 말하고 최선책을 마련하는 일―역주)이 었다.

어쨌든 현장에서 직접 보고 움직이며 생각한다. 목표를 향해서 도전할 뿐이다. 해보지도 않고 무리라고 하는 것은 금물! 무리인지 아닌지는 아무도 모른다. 일단 도전하고 본다. 퇴로를 막으면 할 수밖에 없다. 할 수밖에 없기 때문에 '할 수 있는 방법만을 생각'한다. 이것이 창조를 위한 규칙이다.

05

회의는 리더십을 진화시킨다

∷ 회의를 바꾸는 것은 곧 리더에 의한 경영 혁신이다

경영 혁신은 회의실에서 시작한다. 공개적이고 팽팽한 긴장감과 속도감 있는 커뮤니케이션을 유지하며 창조성을 자극하는 경영은 모두 리더의 행동에 따라 방향이 결정된다. 그렇기 때문에 모든 회의실에 리더의 경영 정신이 살아 있도록 힘써야 한다.

지금까지 이야기한 규칙들과 회의실 운영 방침을 모든 회의실 벽에 써 붙여놓고 사내 행사 등 여러 방법을 통하여 분위기를 조성한다. (도표 2-5)

회의중에 회의 진행자나 참석자가 경고용 호루라기와 옐로카드를 준비해두고 한 사람은 심판을 맡는 등 게임화하는 것도 효과적이다. 이때도 "우리 회사는 무리야" 같은 말은 하지 말자. 어쨌든 지금까지와는 다르다. 바꾸는 것이다! 이런 의지가 모두에게 전달될

컬러풀하고 튀는 포스터를!

규칙 1
고객 초점

그 결정은 정말 고객을
위한 것인가?

문에 '발언하자!'란
표어 등을 붙여놓고
부정적 발언을 하거나
규칙을 위반하면
발을 구르는가?

규칙 2
목표지향

이 회의의 목적, 역할,
목표는 명확한가?

한 사람씩 '규칙 담당'을
정해서 지키고 있는가?
판정에 책임을 갖는다

규칙 3
데이터 위주

근거가 되는 객관적
수치는 충분한가?

소도구와 발언 횟수
체크도 중요하다.

규칙 4
토론

한 사람 한 사람의 발언과
질문은 충분한가?

긍정적인 발언에는
사탕을 주는가?

규칙 5
책임

발언과 결정에 대한
책임 소재는 명확한가?

캠페인이나 이벤트로
분위기를 띄우자.
진심으로 바꾸려면
할 수밖에 없다!

제대로 될 때까지 회의를 시작할 때마다 슬라이드를
보여주는 등 끊임없이 되풀이해야 한다.

때까지 밀고나가자.

최고경영자는 사원들이 변할 수 있도록 솔선수범해야 한다. 마이크로소프트의 빌 게이트는 대인기피증이 있는 PC 광이었다. 그러나 지금은 각종 행사의 기조연설을 의뢰받는 스피치의 달인이다. 그는 매년 7월 신년 시무식에서는 퍼포먼스를 통해 자신의 의지를 모든 사원에게 직접 전한다. 이러한 최고경영자의 자세가 사원을 화합시키고 즐겁게 해주며 의욕을 불러일으킨다.

델에서도 모든 사원에게 서버 판매를 강화시키기 위하여 사내 이벤트를 연다. 서버맨이 음악과 함께 회의장으로 뛰어 들어온다. 가슴에 S 마크를 단 슈퍼맨과 비슷하게 생긴 서버맨이다. 이어 마이클 델이 성화 봉송 자세로 입장하면서 서버 경기장의 막이 올라간다. 그리고 또 한 사람 혼다 사의 혼다 역시 60이 넘은 나이에도 대형 오토바이를 타고 회의장에 등장한다고 한다.

아무리 최고경영자라 할지라도 할 때는 이 정도로 해주어야 하지 않을까? '이렇게 바꾸는 것이다'라며 직접 몸으로 보여주게 되면 이만큼 영향력 있는 메시지도 없을 것이다. 다만, 일회성으로 끝나서는 안 된다.

유전자를 변화시키려면 꾸준해야 한다. 회의도 매일 빠짐없이 해서 일상 생활화하는 것이 중요하다. 새로운 경영을 자리잡게 하려면 우선 회의 운영으로 보여준다. 어떤 리더십이 좋을지를 정하고, 정했다면 회의를 통하여 지속적으로 실천해나간다. 이 방법이 가장 이해하기 쉽고 따라하기도 쉽다.

:: 끊임없는 경영 혁신과 진화는 회의를 통해서

직접적인 커뮤니케이션 이상 가는 것은 없다. 그 살아 있는 박력에 당할 것이 없다. 회의에서 살아 있는 커뮤니케이션을 느끼게 해주지 못하는 사람은 리더로서 자격이 없다. 빌 게이츠나 마이클 델, 혼다만큼은 어렵더라도 항상 바람직한 리더가 되기 위한 노력을 게을리하지 않아야 한다.

"어째서 내 말이 전달되지 않는 거야!"라고 불평할 시간이 있으면 전달되기 위해서 무엇이 필요한지 생각해보자. 그리고 회의를 바꿔보자. 말하는 방법, 내용, 퍼포먼스, 빈도, 타이밍, 구성, 대상자 등을 말이다. 시무 회의에서의 발표만으로 사업의 방향이나 전략을 모든 사원이 이해할 수는 없다. 그러므로 모든 수단과 방법을 다 동원하여 전달될 수 있게끔 하고 이해시키려는 노력을 해야 한다. 그리고 바꿀 것은 가차 없이 바꾸어나가자.

회사의 이념과 비전과 전략을 전 사원이 공유하고 그것을 바탕으로 계획, 관리, 업무를 막힘없이 해나가고 싶은데, 도대체 어디에서부터 손을 대야 할까? 무엇부터 해야 할까?

뛰어난 회사를 보면 IT와 HR(인재), 이 두 바퀴가 맞물려 힘차게 돌아가는 것을 알 수 있다.

- ● IT에 의한 경영 (데이터) 조정실 구축
- ● HR에 의한 인재의 잠재력 최대 활용

이 두 바퀴가 따로 놀면 차체가 부서진다. 이를 방지하기 위해서 이 둘을 융합하고 통제할 축이 필요하다. 이 축의 역할을 하는 것이 바로 회의다. 조직 전체의 회의 체계와 운영 체계를 바로 세운다. 정보의 대동맥을 원활히 돌게 하며 어디서 막히는지 모니터한다. 지식knowledge이라는 혈액이 막힘없이 순환하고 가치를 창출하는지는 실제 회의든 가상 회의든 회의를 평가해보면 쉽게 알 수 있다. 리더십과 경영의 진화를 위해서 회의를 중심으로 경영을 바꿔나가자.

:: 당신이 리더십을 만든다

일본 병. 서구에서 일본 연구자들이 이름붙인 병명이다. 그 증상은 업무 미루기 중독, 전례前例 의존, 위기의식 결핍, 위험부담 과민 등 4가지다.

당신의 회사, 당신 자신은 어떤가? 증상이 이 4가지만이라고 생각할 수 없을 정도로 전신에 병이 만연되어 있지나 않은지?

"의견의 일치는 자연히 이루어지는 것이 아닙니다. 강력한 리더십이 있어야 가능하지요."

이 말은 일본이 낳은 세계적 리더인 오가타 사다코가 한 말이다.

1960년대 약간 덜떨어진 샐러리맨이 등장하며 "샐러리맨은 제일 속편한 직업이야"라고 말하는 코미디 영화가 있었다. 부장쯤 되서 이만하면 인생은 성공이라고 생각하며 안일한 생활에 빠져버렸다. 매일 하는 일이란 신문이나 읽고, 커피 마시고, 접대용 골프치기 등이었다. 이런 사고방식이 지금 중간계급 이상 대부분의 샐러리맨을 무능하게 만들었다. 모두 처음에는 우수한 젊은이였는데. 정말 허망하다! 거기에 그려진 그런 샐러리맨은 이제 없다.

마이너스 성장을 계기로 샐러리맨의 자세가 크게 바뀌었듯이 요구되는 리더십의 스타일이 크게 바뀌었다. 이제 지배와 통솔만 하는 리더는 더 이상 통하지 않는다.

특히 주목할 것은 '역설의 리더십'이다. 종래의 리더십 이미지와는 상당히 거리가 먼 특징을 가지고 있다. 이를테면 시중드는 리더, 봉사하는 리더다. 제자의 발을 씻어준 그리스도의 모습이다. 진짜 리더는 결코 호화로운 의자에 앉아서 거드름을 피우지 않고, 검은 고급 승용차로 모셔주기를 원하지 않고, 훈장 같은 것에도 관심이 없다. 자신의 일상 삶의 모습이 증거인데 달리 무엇이 필요하겠는가! 그런 자세이기 때문에 사람들이 따르게 된다. '진짜'이기 때문에 따르고 싶은 것이다.

이런 봉사형 리더의 시대가 지나면 틀림없이 헌신형 리더의 시대가 올 것이다. 자신을 헌신할 수 있는 리더, 자신의 시간과 생명을 다 바칠 수 있는 그런 리더십이 등장할 것이다. 아무리 어려운 일이 있어도 피하지 않는 진짜 리더가 필요한 시대다. 명함뿐인 리더는 더 이상 필요 없다. 여기서 솔직히 한 마디 하고 싶다. 과거의 공로로 지금의 자리에 앉은 높은 어른들! 떠날 때의 뒷모습이 아름다운 법입니다!

　자신과 조직의 미래를 위해서 회의를 수행의 장소로 바꾸어가자.
회의를 바꾸면 리더십이 생겨난다. 회의를 바꾸면 리더가 자란다!
회의를 바꾸면 경영이 진화한다!

비즈니스 프로세스의
정점 – 의사결정

01

회의는 비지니스 프로세서의 장점!

▨▨ 고객평가, 시장평가 회의로 비즈니스 프로세스를 바꾼다

"우리 상품 같은 최저가 상품은 가격으로 승부하는 겁니다. 좀더 싸게 할 수 없을까요?"라는 영업사원의 말. "A사, B사 제품과 비교해보세요. 성능이 어림없다니까요. 그러니 염가에 포인트를 맞춰야 합니다"라고 말하는 홍보 담당자. 이에 "성능은 어느 회사나 그게 그겁니다. 좀더 소비자의 시선을 끌 만한 제품을 만들 수 없겠습니까?"라고 마케팅 담당자가 한 마디 하니, "시장을 분석해서 잘 팔릴 만한 제품을 연구하는 게 마케팅 부서의 일 아닙니까?"라고 연구개발자가 일침을 놓는다.

전략 상품의 매출이 형편없으니 대책을 세우라는 상부의 호령에 관련 부서 관계자들이 연 대책 회의의 한 장면이다. 위의 질문에 대해 영업부는 '상품에 차별성이 없다' '히트칠 만한 상품 개발이 안 되어 있다' '영업의 무기라 할 수 있는 영업 도구가 미비하다'라는 변명을, 개발부에서는 '영업이 약하다' '마케팅 기능이 없다'라는 변명을, 또 A/S 부에서는 '납기를 제때에 못 맞춘다' '상품에 대한 클레임이 많다'라는 변명을, 물류부에서는 '영업부에서 주는 정보가 부정확하다'라는 변명을 한다. 그리고 생산부에서는 '개발부는 제조 공정을 모르고 있다'라는 변명을 둘러댄다.

이를 보면 모두 원인은 타 부서에 있다는 결론이다. 각자 자기에게는 아무 잘못도 없다는 말이다. 이 회의는 언뜻 보기에 자기 할 말을 기탄없이 하는 것 같지만 실은 책임전가 언쟁일 뿐이다. 이래 가지고는 건설적인 결론에 이를 수 없다. 더욱이 책임전가의 도가 지나치다보면 '사장이 자격이 없다' '경영진이 틀려먹었다' '조직이 어떻다' 등으로 확대되어 그 자리에 없는 사람에게 모든 잘못을 덮어씌우는 분위기가 되어버린다.

왜 이렇게 되는 걸까? 의논의 기반과 축이 일치되어 있지 않기 때문이다. 위의 경우라면 고객평가, 시장평가에 대한 관점이 통합되어 있지 않다. 영업부는 영업, 개발부는 개발만 생각하고 있을 뿐 고객가치는 전혀 생각하지 않는다.

비즈니스 프로세스 하나하나가 가치를 낳고 그 가치들이 사슬처럼 연결되어 총체적 고객평가가 된다. 비즈니스 프로세스를 '가치의 사슬'이라고 부르는 이유다.

그러면 고객가치를 의식한 회의는 어떻게 진행될까?

"D 지역과 E 지역에서 특히 매출이 떨어지는 것 같아 집중적으로 조사해봤더니 B 회사가 대형 마켓과 제휴하여 관리 서비스를 시작했더군요. 그것도 단순히 관리만 하는 게 아니라 주문생산까지 하고 있습니다. 고객을 완전히 독차지할 생각인가 봅니다."

"개발부에서는 우리 제품을 사용하고 있는 고객을 방문하여 우리 제품을 어떻게 사용하고 있는지 조사해보았습니다. 그런데 놀랐던 일은, 우리가 의도했던 방법대로 사용하는 고객은 별로 없었고 의외의 방법으로 사용하고 있었습니다. 제품에 대한 개념을 재고해봐야 할 필요성을 느꼈습니다."

이같이 각각의 입장에 따른 사실fact들이 속속 나타난다. 회의의 결과도 다르게 나올 것이라는 예측이 어렵지 않다. 책임전가형 회의의 결론은, "여러 가지 방법이 있겠지만 각 부서에서 각기 맡은 일에 최선을 다해주십시오"가 될 것이다. 이와 달리 가치창조형 회의의 결론은, "오늘 결론을 참고로 해서 각 부서에서는 각기 할 일을 연구하여 다음 회의에 그 결과를 가지고 다시 모입시다"가 될 것이다.

가치창조 회의를 하는 회사와 책임전가 회의를 하는 회사의 차이점은, 업무를 '가치를 창조하는 프로세스'로 생각하느냐 아니냐에 있다. 여기서 가치란 고객이 느끼는 가치를 말한다. 제공하는 측이 아무리 가치가 있다고 생각해도 고객이 가격과 품질과 서비스에 그만한 가치를 느껴주지 않으면 그것은 가치가 있는 것이 아니다.

고객으로서는 제품을 제공하는 회사의 속사정이야 어떻든 상관하지 않지만, 그 때문에 가격에 영향을 미치거나 품질에 영향을 미치면 탐탁치 않게 여긴다. 고객은 고객을 만족시킬 만한 제품을 생산하기 위해 연구, 개발, 생산, 마케팅, 영업, A/S 등 모든 과정에서 최선을 다하는 회사의 제품을 선택한다.

상품 사이클이 점점 짧아지고 유통 경로도 다양화되고 복잡해져 가격 경쟁이 격심해졌다. 이런 가운데 부서간의 의견차로 시간과 에너지를 소비해서는 살아남을 수 없다고 판단한 기업들은 속속 팀 team제를 도입하고 있다.

일본의 맥주 회사 기린의 '빙결氷結'도 그 한 예다. 빙결 기획팀은 부서의 벽뿐 아니라 기업간의 벽을 뛰어넘어 멤버를 구성했다. 기린맥주는 마케팅, 판매, 물류를, 기린시그램(현 기린디스틸러리)은 제조기술을, 기린비버리지는 과즙 원료를 맡았다. 빙결 팀은 훌륭하게 고객가치를 창출해냈고 발매 1년 후에는 시장점유율 1위를 차지하며 기린 신사업의 기초를 다졌다.

기획팀은 비즈니스 프로세스를 상품 또는 상품 카테고리의 작은 단위로 나누어, 창출해야 할 가치를 명확히 제시한다. 회의 참석자는 모두 같은 목표를 갖고 있기 때문에 목표 달성의 방법을 함께 생각하고 각각의 역할과 책임을 생각하게 되는 창의력 풍부한 회의가 된다. 가치를 창출하는 회의는 가치를 창출하는 비즈니스 프로세스로 변화시킨다. (도표 3-1)

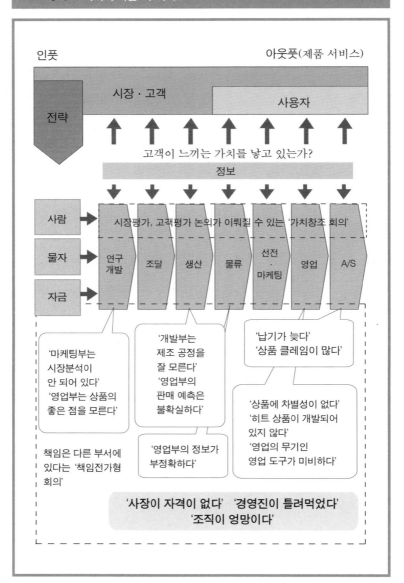

:: 회의는 인풋과 아웃풋의 핵심 포인트다

사람, 물자, 자금 등의 인풋input으로 상품, 서비스를 아웃풋
output하는 것이 경영이다. 최소의 인풋으로 최대의 아웃풋을 내는
것이 경제원리다. 별 특징 없는 상품이나 서비스로는 이제 먹혀들
지 않는다. 그러면 무엇을 아웃풋하면 될까? 그것은 바로 고객이 느
끼는 가치다. 고객이 가치를 인정하는 상품과 서비스를 아웃풋하지
않으면 회사는 존속할 수 없다. 고객가치를 창출하는 곳은 개발, 제
조, 판매와 같은 직접적인 부서뿐 아니라 인사, 총무, 정보 시스템
등 모든 프로세스다.

회의는 각 프로세스에서 창출된 가치를 다음 가치창조의 장으로
연결하는 핵심 포인트다. 굴거리나무라는 식물이 있다. 이 나무는
새 잎을 성장시키기 위해 묵은 잎이 떨어진다. 회의는 이 굴거리나
무 같아야 한다. 항상 새로운 가치를 위해 낡은 가치가 양보하는 것
이다. 회의가 굴거리나무처럼 된다면 비즈니스 프로세스라는 줄기
는 항상 새로운 가치로 바뀌게 된다.

회의의 결론은 미래를 내포하고 있다. 전략 회의는 미래의 회사
와 사업이, 신상품개발 회의는 미래의 상품 포지션이 내포되어 있
다. 회의를 거듭할 때마다 미래가 좀더 선명해져야 하며 미래에 대
한 확신도 깊어져야 한다.

닛산의 재건계획은 고객가치를 낳지 못하는 생산원가를 철저히
절감했기 때문에 성공했다. 고객에게는 부품의 조달처가 계열사인

지의 여부보다 성능과 디자인이 좋고 거기에 가격까지 싼 차가 더 중요하다.

카를로스 곤은 재건계획을 위해서 CFT(Cross Functional Team)를 결성해 해결해야 할 과제와 그 해결책을 제안하게 했다. 구매, 재무 등 9개 부문, 2백여 명의 멤버가 2천 명의 아이디어를 검토한 후, 그 중 4백 개를 추려 중역 회의에 제시했다. 그리고 거기서 논의를 거쳐 탄생한 것이 바로 닛산 재건계획이었다. CFT는 사업 발전과 원가 절감을 목적으로 조직되어 '성역聖域·미신迷信·제약制約 타파' 원칙 아래 재건계획을 세우고, 그 실행부대로 활발히 활동했다.

곤은 취임하기 2개월 전부터 닛산에 대한 여론을 청취하고 유럽과 미국에 있는 지사를 시찰했다고 한다. 그리고 취임하자마자 이내 재건계획에 착수했다. CFT의 멤버는 곤이 면접을 통해서 직접 뽑았다. 취임 4개월 만에 재건계획을 발표할 수 있었던 것은 이러한 배경이 있었기 때문이다. 인풋을 어떻게 효과적인 아웃풋으로 변환시킬까? 경영자의 이 영원한 과제에 곤은 CFT로 도전했다.

인풋이 효과적으로 아웃풋되지 못하고 동맥경화를 일으키는 원인은 경직된 조직 풍토에 있다. "닛산의 사원 대부분은 닛산에 문제가 있다는 것은 알고 있으면서도, 자신들 스스로는 최선을 다하고 있다고 생각한다." "다른 사람의 할 일에 대해서 떠드는 데에 시간을 낭비하는 기업에는 미래가 없다." 이렇게 곤이 걱정하는 문제 의식이나 위기의식이 회의를 통하여 팀의 멤버들에게도 전해졌다. 그리고 멤버들이 '문제는 모든 부서에 있다. 각자 회사를 위해서 무엇을 해야 하는가?'하고 생각하기 시작했을 때, 곤의 도전은 성공을 예감할 수 있었다.

CFT 회의는 긴장감이 흐른다. 성역, 미신, 제약이 없기 때문이다. 이 회의의 목적은 하나다. 사업 발전을 위한 원가 절감이다. '문제는 모든 부서에 있기 때문에 타 부서로 떠넘기는 것은 불가능하다.' 이 사실을 전제로 곤은 가차 없이 "다음 주까지 이 데이터를 작성하라"면서 과제를 주는 것이다. 재건계획은 이런 긴장감 속에서 탄생했다.

구매원가 20퍼센트 절감, 자재 공급 메이커 반으로 줄이기, 관련 회사 보유 주식 매각, 5개 공장 폐쇄, 2만여 명 감원. 이 재건계획이 기존 경영진 회의에서 책정된 것이었다면 아마도 현재와 같은 재건은 이룰 수 없었을 것이다. CFT는 계획을 세웠을 뿐 아니라 실행하는 조직 풍토까지 만들었다. 곤은 회의를 통해 사고방식과 행동방식의 전환까지 전수했다고 할 수 있다.

이 CFT 외에 곤이 개최하는 회의가 또 하나 있다. 바로 NAC(Nomination Advisory Council)이다. 이것은 곤이 의장을 맡고 각 부장이 추천한 인재(30~45세 미만)들 중에서 높은 잠재력을 가진 숨은 인재를 찾아내는 회의다. 선정 기준은 우수한 실천력, 자기 분야에서의 뛰어난 능력, 행동규범에 준한 행동이다. NAC 회의에서 인재라고 판단되는 사원에게는 혹독한 업무를 맡겨 경험을 쌓게 해서 장래의 리더가 될 준비를 시킨다. 물론 실적이 저조하면 즉시 제외된다. 여기서 끝까지 살아남는 데 성공한 인재가 간부가 되는 구조다. 이렇게 장래의 아웃풋을 위해 인풋에 대한 논의가 끊임없이 진행된다.

:: 회의는 실천을 위한 의사결정의 장이다

세계적인 기업 도요타와 GE의 공통된 강점은 바로 현장의 의사결정력이다. 전 세계의 기업이 배우러 오는 도요타의 간판방식은 '왜 필요 없는 과잉생산을 하는가?'라는 현장의 의문에서 시작되었다. 이에 대한 대답은 '과잉생산을 막는 기능이 없기 때문'이다. 그러면 '과잉생산을 막는 기능은 무엇인가?'라는 질문을 낳게 되고, 이에 '철두철미한 관리'라는 대답이 나온다. 그러면 '철두철미한 관리란 무엇인가?'라는 질문이 이어짐으로써 '간판방식'이 탄생한다. 도요타는 이 '왜?'를 5번 반복해서 문제의 본질을 끝까지 파헤치는 조직 풍토를 가지고 있다.

사무실 책상에서 현장의 정보를 분석하는 것도 중요하지만 도요타는 문제가 발생한 현장에서 직접 분석하며 해결책을 생각한다. 사원이 각자 현장에서 필요한 의사결정을 내리는 방식인 것이다. 그 주창자 오노가 말하는 '자율신경이 살아 있는 조직'이다. 이 현장주의 의사결정의 장場이 '자주연'이다. 그들 스스로 문제를 정의하고 그 해결책을 의논하여 실천한다. 자주연에서의 사고 과정은 최종 아웃풋부터 생각하고 필요한 것을 필요한 만큼 앞 공정으로 인수하러 가는 방식이다.

GE에서 현장의 의사결정력을 받쳐주는 장은 '워크아웃'이다. 이 것은 미국의 '타운미팅'(시민이 자주적으로 정치에 참여하는 것－역주)을 모방한 것이다. 도요타의 자주연과 다른 점은 '최선의 실천'을 우선으로 한다는 것이다. 최선의 실천 사례는 자기 회사는 물론이고 타 회사, 타 업계로부터도 선정한다. 워크아웃에서는 우선 최선의 실천 사례와 자신의 현장과의 차이를 분석하고 무엇을 어떻게 바꿀 것인가를 '프로세스 맵'으로 그린 후 실천에 옮겨 결과를 검증한다. (도표 3-2)

모든 과정은 워크아웃의 멤버들이 자주적으로 해나가고 있지만, 조직 차원의 지원이 필요한 경우에는 부서 책임자나 담당자를 출석시켜 의사결정을 하게 한다. 이렇게 함으로써 조직이 목표로 하는 가치를 향하여 의사결정이 사슬처럼 이어지게 된다.

회의에서 의사결정을 촉구하는 것은 부서 책임자나 담당자에게 그들의 본래 업무를 촉구하는 것이다. GE는 필요한 의사결정을 필요한 곳에서 함으로써 조직의 자율성을 높이고 있다고 할 수 있다.

도요타나 GE나 현장에서 발생하는 문제의식, 위기의식, 당사자의식을 자주연과 워크아웃을 통해서 가설로 세우고 그 가설을 현장에서 실천한 후, 새로운 가설을 다시 자주연, 워크아웃에 돌려보내는 순환구조를 반복한다. 이같이 회의는 실천을 위한 의사결정의 장이다.

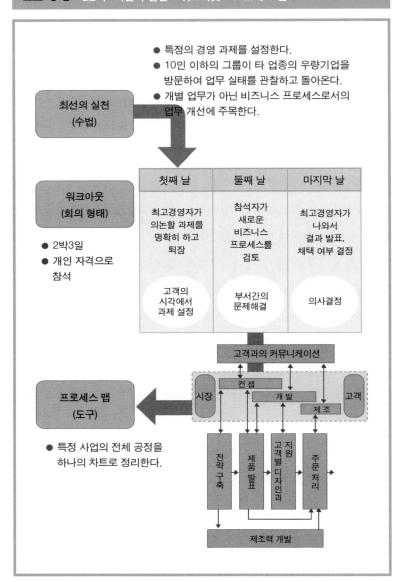

최선의 실천
(수법)

● 특정의 경영 과제를 설정한다.
● 10인 이하의 그룹이 타 업종의 우량기업을
방문하여 업무 실태를 관찰하고 돌아온다.
● 개별 업무가 아닌 비즈니스 프로세스로서의
업무 개선에 주목한다.

워크아웃
(회의 형태)

● 2박3일
● 개인 자격으로
참석

첫째 날	둘째 날	마지막 날
최고경영자가 의논할 과제를 명확히 하고 퇴장	참석자가 새로운 비즈니스 프로세스를 검토	최고경영자가 나와서 결과 발표, 채택 여부 결정
고객의 시각에서 과제 설정	부서간의 문제해결	의사결정

고객과의 커뮤니케이션

프로세스 맵
(도구)

● 특정 사업의 전체 공정을
하나의 차트로 정리한다.

시장　컨셉　개발　제조　고객

전략 구축　제품 발표　고객별 디자인과 지원　주문 처리

제조력 개발

02

의사결정 사슬로서의 회의

☷ 목표를 향한 패스워크

회의는 의사결정의 장이다. 그 의사결정이 사슬처럼 연결되어 조직이 지향하는 목표에 도달할 수 있게 한다.

의사결정 사슬은 두 가지 방향에서 생각할 수 있다. 하나는 전략에서 계획, 관리, 업무로 이어지는 비즈니스 계층 조직에 의한 의사결정 사슬이고, 또 하나는 마케팅에서 연구 개발, 제조, 판매, A/S로 이어지는 비즈니스 프로세스에 의한 의사결정 사슬이다. (도표 3-3)

의사결정 사슬에 따라서 중복된 회의, 부족한 회의, 필요한 의사결정을 얻지 못하는 회의와 그 이유를 명확하게 한다. 각 회의의 역할이 결정되면, 최상의 의사결정을 끌어낼 수 있는 기반을 조성해두자. 그 기반의 핵심은 목표, 사실fact, 구조화, 이 3가지다.

지속적인 기획 회의든 단발적인 부서 회의든 회의에는 반드시 최종적인 목표가 있다. 여기서 최종적인 목표란, 회의의 결론이 아니라 그보다 더 근본적인 것이다. 닛산의 CFT 회의를 예로 든다면 '닛산의 재건'이다. 만약 영업부서의 활동보고 회의라면 업적의 향상이나 더욱 구체적인 수치목표의 달성일 것이다.

회의는 그 하나하나가 다 목표를 향한 패스워크다. 다음 회의와 활동에 넘겨줄 목표를 향한 궤도가 그려진다. 이때 맨 먼저 준비할 일은 목표를 확인하는 것이다. 이 회의는 다음 회의와 활동에 무엇을 패스할 것인가? 그러기 위해서 어떤 주제로, 어떤 사람들이, 무엇을 아웃풋할 것이며, 의사결정은 누가 할 것인지를 생각한다. 그 준비 항목은 다음 5가지다.

- 회의의 역할과 중요성 확인
- 주제, 협의 사항 설정
- 참석자 선정
- 필요한 데이터, 정보, 제공자 설정
- 의사결정 사항과 의사결정자 결정

소니는 1년에 한 번씩 '글로벌 사장단 회의'를 개최한다. 전 세계에서 소니의 각 사업 분야를 이끌고 있는 최고 간부 70여 명이 한곳에 모여 소니의 앞날에 대해 의논하는 회의다. 의사결정자는 물론 회장이다. 이 회의에서 결정된 결정 사항을 가지고 이틀 후에 부장급 이상 1천여 명이 모여 '경영합동회의'를 연다. 각각의 회의에서 명확한 의사결정이 내려지면 다음 회의에서 무엇을 논의하게 되며 의사결정은 누가 내리게 될지가 자연히 보이게 된다.

●● 참석자의 머리를 사실로 무장시킨다

회의를 위해 두 번째 할 일은 참석자 전원을 무대에 올리기 위해 사실fact을 준비하는 것이다. 회의의 참석자가 광범위하고 다양할수록 사실의 중요성이 커진다. 매일 방문 영업에 동행하는 상사와 부하의 회의라면 안건마다 진척 상황을 정리하면 되겠지만 소니의 글로벌 사장단 회의쯤 되면 반도체부터 로봇까지 다양한 사업, 기술, 재무, 회계까지 논의해야 한다. 각 의제에 따라 사실을 준비하는 일이 중요한 일이다.

보통의 경영 회의, 간부 회의, 사업부장 회의 등에서 자주 볼 수 있는 현상은, 사업 담당자가 보고를 하면 최고경영자가 질문을 하는 형식이다. 담당자 이외의 사람들 머리 속은 "나는 어떻게 보고할까?"라는 생각으로 가득하다. 의견을 물으면 "그 부서가 아니라서…" "~에 대해서는 ○○ 씨가 가장 잘 알기 때문에 전문 분야가 아닌 저는 드릴 말씀이 없습니다"라고 대답한다.

이렇게 되는 원인 중 하나는 회의가 아직 보고회의 차원을 벗어나지 못했기 때문이다. 보고는 회사 인트라넷으로도 가능하다. '○○회의'라는 회의실을 만들어두면 일부러 회의를 열 것까지도 없이

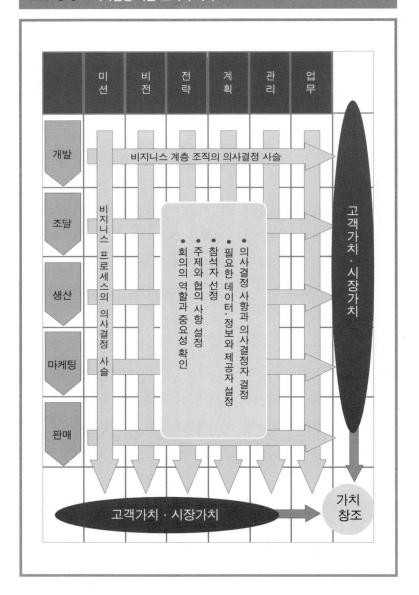

정보를 공유할 수 있고, 거기서 질문과 답변도 할 수 있다.

회의를 여는 의미는 그 것을 공유함으로써 긴장감을 느낄 수 있고, 순간순간 다방면으로 생기는 시너지 효과와 언어 이외의 자극을 통하여 창조성을 얻을 수 있기 때문이다.

보고회가 아닌 본래의 '회의'라는 무대에 참석자들을 끌어올리려면 참석자 모두의 사고회로를 의제에 맞춰 열어 놓아야 한다.

사고회로를 열게 하는 사실fact 3가지는,

> ● 문제의식을 높여주는 사실
> ● 위기의식을 높여주는 사실
> ● 담당자의식을 높여주는 사실

"당신의 담당 영역에는 관여하지 않을 테니 내 영역도 침범하지 마라." 이 같은 마인드는 바람직하지 않다.

"저의 안이한 문제해결 태도를 지적해주십시오" "좀더 다른 면에서 해결 방법을 제시해주십시오" "이 문제가 다른 영역에 미치는 영향을 객관적으로 지적해주십시오" "좀더 큰 성과를 거둘 수 있는 방법은 없을까요?"라고 하면서 참석자들의 잠들어 있는 지혜를 끌어내려는 노력이 필요하다.

그러기 위해서 "여기에 이런 수치가 있습니다" "여기에 이런 구체적인 사실이 있습니다" "저는 이렇게 생각합니다" "이 세 가지 사실에서 다음과 같은 가설을 이끌어냈습니다"라고 하면서 사실을 제시한다.

"여러분은 모르는 특수한 사정이 있어서…" "이것은 예외적인 것이라…"와 같은 소극적인 태도는 좋지 않다. 그 특수한 사정이 문제해결에 중요하다면 모두에게 알기 쉽게 설명을 해야 하고, 예외적인 일이라면 어떻게 표준과 다른지 정확히 설명해야 한다.

회의는 두뇌가 모이는 둘도 없이 좋은 기회다. 자기 혼자서는 도달할 수 없는 지점까지 참석자 모두의 지혜를 얻어 함께 가는 것이다. 무엇을 생각해야 할지를 제시하는 것이 사실이며 이 사실이 주어지면 사고회로는 작동하기 시작한다.

∷ 토론을 구조화한다

허심탄회한 토론도 중요하지만 회의는 제한된 시간이 있다. 그 제한된 시간 내에 참석자 모두의 지혜를 최대한 끌어내고 가치 있는 성과를 거두기 위해서는 회의를 구조화할 필요가 있다.

회의의 소요 시간과 의제의 수로 대략의 시간 배분이 가능하지만 각 의제에 획일적으로 시간을 배분해서 진행한다면 무미건조한 회의가 되어버린다. 의제가 많을 때는 우선순위를 정하여 그날 회의의 주 의제를 먼저 정한다.

주 의제는 긴급성과 중요성을 요하는 안건이다. 회의 구성은 '긴급을 요하나 논의할 필요는 없는 것'을 맨 처음에, '중요성과 긴급성을 요하고 반드시 논의할 필요가 있는 것'을 그 다음에, '중요성은 높으나 긴급성은 없는 것'을 맨 마지막에 놓는다.

'긴급하지만 논의할 필요는 없는 의제'는 의사결정자가 신속하게 결론을 내고 그 다음 의제를 진행하도록 한다. 여기에 의사결정을 촉구하는 장치가 되어 있으면 효과가 있다. 그 다음 '중요성, 긴급성을 요하며 반드시 논의가 필요한 것'을 논의할 때, 처음부터 길고 장황한 설명이 이어지면 회의의 분위기가 가라앉는다. 그래서 짧고 간단하게 가능한 빠른 시간 안에 참석자의 참여를 유도하는 것이 포인트다.

우선 쉬운 사실부터 제시하여 커뮤니케이션을 조성한 후에 차츰 심도 있는 사실을 제시해나간다. 충분한 논의가 이루어져 결말을 지을 수 있도록 사전에 회의의 흐름을 예상해두는 것도 좋다. 사실을 제시하는 타이밍, 순서, 소요 시간과 결말을 짓는 방법 등을 미리 생각해두자.

시간이 충분하다면 회의의 내용에 무게를 두는 정성적定性的 회의를 하고, 시간이 부족할 때는 안건의 수를 정해서 하는 정량적定量的 회의를 한다. 정성적 회의는 논쟁하듯이 찬성 의견과 반대 의견을 구체적으로 들어가며 차례차례 종결지어가는 방법이며 정량적 회의는 대표 의견에 대한 찬성과 반대의 수로 결정해나가는 방법이다.

미리 주제를 구조화하고 결론을 예상해두면 낭비를 줄일 수 있어 알찬 회의를 할 수 있다. 회의를 준비할 때 가장 중요한 것은, 어떻게 하면 참석자의 뇌를 자극할 수 있을지, 그 방법을 연구하는 것이다.

03

의사결정을 촉구한다! 의사결정을 유도한다! 의사결정을 들이댄다!

∷ 비즈니스 계층 조직으로 회사의 의사결정도를 체크!

의사결정을 재촉할 때 상사가 하는 답변을 보면 조직의 의사결정 도度를 알 수 있다. 이러한 경우에 대비해서 어떻게 처신할 것인가를 미리 생각해두자.

"우리 회사에 이런 전례가 있나?" "다른 회사에서는 어떻게 하고 있지?" "금융감독 쪽에서는 뭐라고 하나?" "자네는 어떻게 생각하나?" 이것은 윗사람에게 필요한 4가지 능력이라는 우스갯소리가 있다. 아마 남의 일이라고 웃어 넘길 수 없는 조직도 있을 것이다.

최고경영자에게 의사결정력은 아주 중요하다. '경영 능력은 의사결정력이다'라고 해도 과언이 아닐 정도로 의사결정력은 경영자에게 없어서는 안 될 능력이다. 부하는 상사의 의사결정력을 보고 배운다.

의사결정은 책임을 지는 일이다. 부하들에게 책임의식이 없다고 개탄하는 조직은 위에 있는 상사들에게 의사결정력이 있는가, 부하에게 의사결정을 시키고 있는가를 체크해봐야 한다.

의사결정도는 신속함과 정확함으로 측정한다. 환경의 변화를 간파하고 신속하고 정확하게 의사결정을 하고 있는가, 고객과 직장의 상황을 파악하고 신속하고 정확하게 목표를 세우고 의사결정을 하고 있는가, 각각의 입장에서 의사결정도를 분석해보자. (도표 3-4)

⠿ 선택 사항을 제시하고 의사결정을 촉구한다

상사가 우유부단해서 좀처럼 의사결정을 해주지 않아 속이 타는 당신. 상사를 단련시키려는 노력을 하고 있는가? 당신이 상사의 의사결정력을 높여주면 된다! 회의는 의사결정력을 향상시킬 수 있는 절호의 기회다. 우선 회의 때마다 반드시 의사결정 사항을 준비해두자.

의사결정을 촉구하려면 꼼꼼한 준비가 필요하다. 특히 그 의사결정이 회사의 운명을 좌우할 만큼 중요한 것일수록 객관적 판단 재료가 있어야 한다. 신규사업 투자라든가 지금까지의 주력 사업 철회 문제같이 중대한 의사결정인 경우에는 경제에 미치는 영향, 해외를 포함한 업계의 상황, 시장 잠재력, 자사의 지원 정도, 자사와 관계 회사에 미치는 영향, 위험부담, 수지 타산 등을 반드시 미리 확인해두어야 한다. 그리 중요한 의사결정이 아니더라도 완벽한 판단 재료의 준비는 필수다. 직감과 배짱으로 하는 의사결정은 불안하다. 최적의 의사결정을 얻기 위해서는, '상황분석' '가능한 방법과 그 장단점' '권장 방법과 그 실행 결과 모의실험'을 빠뜨리면 안 된다.

상황 분석을 제시하고 그저 "어떻게 할까요?"라고 해서는 의사결정을 촉구할 수 없다. "이러한 상황에 의거하여 가능한 방법과 그 장단점을 A, B, C로 검토했습니다" 또 "그 내용은 ~입니다"와 같이 진척시켜 마지막에 "A로 진행할 것을 승인해주십시오"라고 의사결정을 촉구한다.

의사결정을 촉구할 때는 YES인가 NO인가, 아니면 GO인가 STOP인가로 답할 수 있을 때까지 제안과 제언을 해나가야 한다. "반드시 이렇게 해야 합니다." "이렇게 하겠습니다." 이 정도가 되지 않으면 안 된다. 사활을 걸고 승부에 도전하는 것이다.

의사결정자는 "상황 분석 중 이 부분은 좀 부족한 것 같군" "할 수 있는 방법은 이것뿐이 아니다. D도 생각해볼 수 있지 않겠나?" "A는 위험 부담을 고려하지 않았군" 등 예리한 지적을 할지도 모른다. 이런 지적을 받으면 "우리 회사도 아직 끝나지 않았어" 하면서 기뻐해야 한다. 그리고 기분 좋게 "알겠습니다. 다음 회의 때 새로 제안하겠습니다"라며 설욕의 기회를 만들자.

도표 3-4 의사결정도 체크

	체크 항목	평 가
미션	· 차별성 있는 기업 이념과 미션이 있고, 그것이 항상 최고 경영자의 의사결정에 반영된다.	5 · 4 · 3 · 2 · 1
	· 현장에 대한 의사결정에 기업 이념과 미션이 반영되어 있다.	5 · 4 · 3 · 2 · 1
비전	· 최고경영자나 경영진의 의사결정에 긴장감이 있다.	5 · 4 · 3 · 2 · 1
	· 정량 목표가 결정되어 있다.	
	· 기업 변혁에 관해 방법론이 보이는 의사결정이 이루어지고 있다.	5 · 4 · 3 · 2 · 1
전략	· 해야 할 과제뿐 아니라 실현 방법이 보이는 전략에 대한 의사결정을 하고 있다.	5 · 4 · 3 · 2 · 1
	· 부서간 횡적인 시각에서 전략에 대한 의사결정이 이루어지고 있다.	5 · 4 · 3 · 2 · 1
계획	· 전략을 이해하고 있고, 목적달성 계획에 대한 의사결정이 이루어지고 있다.	5 · 4 · 3 · 2 · 1
	· 중장기, 단기, 누가, 언제, 무엇을, 이와 같이 구체적인 계획이 의사결정되고 있다.	5 · 4 · 3 · 2 · 1
관리	· 목표 달성의 관리 방법에 대한 의사결정이 이루어지고 있다.	5 · 4 · 3 · 2 · 1
	· 각 현장에서 비전 실현 계획을 관리하기 위해 필요한 의사결정을 한다.	5 · 4 · 3 · 2 · 1
업무	· 관리자가 업무의 고도화, 효율화를 위해 필요한 의사결정을 한다.	5 · 4 · 3 · 2 · 1
	· 각 업무마다 담당자 차원에서 정확하고 신속한 의사결정이 이루어지고 있다.	5 · 4 · 3 · 2 · 1

/ 65점

:: 우선순위 논의로 의사결정을 유도한다

상대방이 만족하면 이쪽은 불만족이라는 트레이드오프(교환) 문제는 모든 의사결정에 반드시 따르게 마련이다. 의사결정에는 어느 정도의 체념도 필요하다.

1979년 당시 야마토 운수의 오구라 마사오 사장은 미쓰코시 백화점의 배송 업무를 그만두기로 결정했다. 백화점의 배송 업무는 안정된 수입을 보장해주지만 '업자는 강매해도 불평하지 않는 손님'이라는 미쓰코시 백화점의 영업 방식 때문에 오히려 득보다는 실이 더 크다고 판단했기 때문이다.

트레이드오프 문제는 의지, 정책, 철학과 관계가 깊다. 이 회의는 어디에 우선순위를 두는가, 결코 양보할 수 없는 것은 무엇인가라는 질문도 많이 받는다. 회의에서 의사결정을 내리려고 할 때 우선순위와 트레이드오프에 대한 의논은 빠질 수 없다.

"신상품 A를 전략 상품으로 할 경우 주 대상은 젊은 층이 되기 때문에 지금까지의 고객인 중장년층이 떨어져나갈 것입니다. 그래도 괜찮겠습니까?"라고 의문을 제기하며 '지금까지의 고객'과 '신상품 A에 의한 매출'에 대한 논의를 촉구한다.

"앞으로의 잠재력을 생각하면 젊은 층을 대상으로 한 신상품 A에 좀더 많은 힘을 기울여야 합니다." "아니, 중장년층에 대한 우리 회사의 브랜드 파워는 그 어느 것과도 바꿀 수 없을 만큼 큽니다. 역시 브랜드 파워를 살릴 수 있는 중장년층용 상품 생산을 재개해야 합니다." 이와 같은 논쟁을 통하여 최종적인 의사결정을 유도해 낸다.

이러한 논의에 꼭 필요한 것 역시 객관적 사실이다. "젊은 층 시장의 잠재력을 수치로 따져보면…" "중장년층의 우리 회사 상품 지지율은…"과 같은 객관적 사실에 근거하지 않으면 이렇게 하고 싶다, 저렇게 하고 싶다 등 감정론으로 흐르기 십상이다. 각 회사의 정책, 철학, 이념, 비전을 구체적으로 검토하면서 의논을 해나가면 된다. 철저한 논의를 거친 의사결정은 실행단계에서도 전혀 흔들림이 없다.

⠶ 의사결정은 시나리오로 들이댄다

"어? 그거 언제 결정되었지?"라는 말을 듣지 않기 위해서 반드시 시나리오가 있어야 한다. 시나리오에는 두 가지 요소가 필요하다. '의사결정을 위한 방법'과 '실현을 위한 방법'이다. 빈틈없는 검토와 결론에 이르는 근거가 명확하면, '수긍할 수 있는 의사결정'이 된다. 그러나 느닷없이 "이렇게 결정되었으니 잘 부탁한다"고 한다면 독단적이라는 비난을 면키 어렵다.

심리학 실험에 이런 결과가 있다. 복사기 앞에서 순서를 기다리는 사람에게 "먼저 복사하게 해주십시오"라고 했을 때와 "너무 바빠서 그러니 먼저 하게 해주십시오"라고 했을 때, 각각 그 성공률이 아주 다르게 나왔다. 이유를 말한 경우의 성공률은 94퍼센트, 이유를 밝히지 않고 부탁한 경우는 60퍼센트였다. '너무 바빠서'와 같이 별로 설득력 없는 이유라도 다른 사람의 마음을 움직인다.

중요한 의사결정을 실행에 옮기려고 한다면 '이유＋요청' 원칙을 쓰자. 단순한 이유라도 효과가 있기 때문이다. 당신이 제시하는 그 근거가 다른 사람의 마음을 움직이게 한다.

'실현을 위한 방법'은 단순하고 쉬워야 한다. 귀찮다는 생각이 들면 상대는 움츠려들기 때문이다. '가능하다' '할 수 있다'를 보여주는 것이 중요하다. 어디까지, 누가, 언제까지 등과 같은 구체성도 필요하다. 힘들 것 같아도 역할을 분담하고 순서를 정해서 '하면 된다'는 느낌이 들게끔 묘사한다. 이렇게 배역과 무대와 시나리오를 갖춰야 한다.

∷ 쇠는 뜨거울 때 두드려라!

격렬했던 토론이 능숙한 회의 진행자에 의해 결론에 이르렀을 때, "아, 괜찮은 회의였어. 심도 있게 논의도 이루어졌고 결론도 나왔다"면서 무조건 동의하며 회의를 끝내서는 안 된다. 이래서는 의사결정 사슬이 연결되지 않는다. 이 여운을 이용해서 다음 의사결정을 유도해야 한다. 회의가 끝나고 회의실을 나서는 순간 일상 업무로 돌아가면서 회의의 여운도 한 순간에 사라져버린다. 그래도 그 가운데에서 남는 것은 행동으로 직결된 자신의 의사결정이다. 회의의 결론을 제대로 이해하고 구체적인 행동으로 옮기는 것이 중요하다. "신상품 개발 컨셉은 ~로 결정했습니다" "그럼 이 결정을 토대로 다음 회의 때까지 활동계획서를 작성하겠습니다"라고 하는 것이 이상적이다.

참석자 한 명 한 명이 스스로 과제를 설정하고 의사록으로 공유하는 것도 좋지만, 가능한 시각적이고 전체를 한 눈에 볼 수 있는 맵map을 작성하는 것이 좋다. 모조지를 준비하여 여럿이서 함께 작성하는 방법도 좋고 화이트보드를 이용하는 방법도 좋다.

왜 의사록보다 맵이냐 하면, 의사록은 모두 합심해서 작성하지 않지만 맵은 다른 사람의 생각도 보면서 자신이 스스로 작성하는 것이기 때문이다. 의사록은 똑같은 모양과 크기의 문자뿐이지만 맵은 개성이 풍부한 문자나 도표를 그릴 수 있다. 의사록은 여유가 없지만 맵은 여유를 즐길 수 있다. 갖가지 색의 매직펜을 사용하면 다채로워서 시각적으로 기억되기도 쉽다.

맵 작성에 일정한 규칙은 없지만 회의의 결론과 목표를 나타내고, 목표 달성을 위한 방법을 그림으로 표현한다. 신상품 개발일 경우에는 컨셉의 결정을 출발점으로 하고 목적지는 상사, 그 사이에 보이는 관문은 상품의 마케팅 전략, 기술적 문제 해결, 상품화 목표와 채널 확보…. 그리고 각 관문에 필요한 정보와 그 수집 방법, 필요한 작업 등을 모두 표현하고, 누가 언제까지 할 것인지를 정해 놓는다.

이렇게 다음 회의까지 누가 무엇을 할 것인가를 명확히 한 다음
마침내 회의를 마친다. 처음부터 다음 회의까지 할 일을 제시하면
되지 않겠느냐고 할지도 모르겠지만 항상 그 전에 목표를 확인하고
무엇을 위한 작업인가, 무엇을 위한 회의인가를 확인하는 자세가
중요하다. 맵은 회의의 결과를 미래로 연결함으로써 의사결정 사슬
을 이어가기 위해서 작성하는 것이다.

04

의사결정을 지식 엔진으로 활용한다

:: 회의실과 현장간의 커뮤니케이션

전략 이야기가 한창인 흡연실, 회사의 미래를 이야기하는 선술집, 비밀 임원회의, 경영진의 비밀회동, 비밀 프로젝트…. 어느 회사에서나 볼 수 있는 비공식적인 회의다. 거기에는 불만과 불평은 커녕 (정식 회의에서는 볼 수 없는) 눈을 반짝이면서 열정적으로 회사의 미래를 이야기하는 사람들이 있다. 이렇게 음지에서 배양된 에너지가 공식적인 의사결정의 원동력이 되기도 한다.

e-메일, 음성메일, 인트라넷, TV 회의 등 직접 대면하지 않고도 사내의 커뮤니케이션이 얼마든지 가능한 시대에 굳이 회의실에 모여 회의를 하는 의미는 무엇일까? '장場'에는 잠재되어 있는 지식을 이끌어내는 신비한 힘이 있다. 장은 단순한 공간이 아니다. 그 장에 모인 사람들의 공동체가 장의 힘을 만들어내는 것이다.

계급별 회의만 하는 회사, 부서별 회의만 하는 회사, 상사가 훈시만 하는 회의를 하는 회사 등 이렇게 경직된 회의 풍토는 회의를 통해 얻을 수 있는 무한한 가능성을 뻔히 보면서도 놓치게 된다. 의사결정자가 몇몇 관리직에 한정된 회사도 마찬가지다. 이런 회사는 의사결정을 함으로써 갖게 되는 책임감과 자율성을 사원들에게서 빼앗는 셈이다.

다양한 회의의 장과 의사결정의 장을 통해 조직의 지적 수준을 높이고 있는 기업 중에 존슨&존슨이 있다. 의약 지식을 가진 영업 담당자가 주체적으로 활동하는 의약품 메이커에서 조직 전체의 지적 수준을 올리기란 굉장히 어렵다. 이는 영업 담당자가 제각기 SOHO(Small Office Home Office)의 형태로 활동하기 때문에 현장 지식이 조직의 지식으로 축적되기 어렵기 때문이다.

철저하게 성과주의인 영업 담당자가 땀 흘려 축적한 지식은 곧 경쟁력의 무기다. 그렇게 간단히 공개할 수 있는 성질의 것이 아니다. 성과주의를 도입한 기업은 영업 담당자뿐 아니라 사원들 지식의 공유나 교류 역시 풀어야 할 큰 과제다. 평가의 주안점을 개인의 성과에 둔다면, 자연히 조직 차원의 성과에는 신경을 쓰지 않는다. 회사마다 개인이 가지고 있는 지식을 끌어내려고 갖가지 회의의 장을 마련하고 있지만, 막상 영업 담당자의 속내는 "회의할 시간이 있으면 고객을 한 사람이라도 더 만나겠다" "영업 노하우를 회의 같은 데에서 공개할 수 없다"이다.

이런 고난도 과제에 도전하여 성공한 사례가 존슨&존슨의 지식

엔지니어링실室이다. '지식 스타디움'이라는 포털 사이트에는 항상 신선한 정보가 가득 실려 있으며 사원들간의 커뮤니케이션도 활발하다. EIP(Enterprise Information Portal)를 도입하고 있는 기업은 많지만 존슨&존슨만큼 활성화되어 있는 기업은 거의 없다.

존슨&존슨의 성공 비결은, 포털 사이트라는 표면적 아웃풋의 이면에 있는 많은 비공식 회의에 있다. 지식 스타디움을 운영하는 젊은 사원은 지식 공유의 중요성을 알리기 위해 동분서주하면서 힘을 쏟았다고 한다. 때로는 강습회도 열고 때로는 술자리도 마련했다. 이런 그의 열성은 영업 담당자들의 지식의 문을 열게 했고 마침내 지식 스타디움이 탄생하게 되었다.

지식 스타디움은 기존의 억지로 참가하는 그런 회의의 개념을 완전히 바꾸어버렸다. 영업 담당자는 퇴근 후에 맥주를 마시면서 편안한 마음으로 포털 사이트를 방문한다. 그곳에는 현장감이 넘치는 생생한 정보가 가득 들어 있다. 거기에 자신도 모르게 빠져 들어가 자신도 그 가상 회의에 참여하고 싶어지게 된다.

영업 담당자에게 의료 현장과 학회의 현장은 중요한 정보원源이다. 그런 현장에서 갓 나온 정보를 느긋하게 맥주잔을 기울이면서 본다. 그곳에서 나오는 질문이나 의문점은 바로 그 자리에서 담당 부서에 전달되고, 즉시 회답이 온다. 인풋과 아웃풋의 거리가 극히 짧아지고 거기에서 얻게 된 지식을 모두가 동시에 공유하게 된다.

:: P&G의 옵션회의 — 의사결정 속도라는 지식 엔진

세계적 마케팅 스쿨이라 불리는 P&G는 GE의 CEO 이멜트와 세계 최고의 경매 사이트인 이베이ebay의 여성 CEO 맥 휘트먼 등 우수한 경영자를 배출했다. P&G의 졸업생이 훌륭한 경영자가 되는 비결은, 철저한 의사결정 속도 훈련에 있다.

"이 사업의 전략 방향은?" "3가지의 보기를 제시하고 각각의 장단점을 설명한 다음 그 중 하나를 고르시오." "그리고 그것을 고른 이유를 명확히 설명하시오." 이런 의사결정 과정을 30초 안에 다 해내야 한다.

회의 때마다 '그 상품의 마케팅 전략 방향 3가지' '조직 차원에서 생각할 수 있는 선택 사항 3가지'와 같이 모든 가능성을 놓치지 않는 것과 신속한 의사결정, 근거 제시 등 경영자에게 없어서는 안 될 능력을 익혀나간다. 회의가 사고의 훈련장, 의사결정 훈련장이 되도록 함으로써 조직의 지적 수준을 높일 수 있게 된다.

짧은 시간에 모든 정보와 지식을 동원하여 고도의 아웃풋을 만들어낼 수 있게 되면 일상적인 정보도 받아들이는 속도가 빨라진다. 정보를 좀더 빨리 수집하려고 노력하다보면 자연히 가설을 설정하는 능력도 높아진다. 이렇게 해서 P&G는 우수한 인재가 넘치는 우수한 조직이 되었다.

P&G의 예를 통해 회의는 기업의 축소판이라는 사실을 알 수 있다. 그 기업이 어떤 생각을 가지고 있는지 어떻게 의사결정을 하는

지 극명하게 드러난다.

"이번 문제는 다음 회의까지 각자 잘 생각해두도록 하시오"와 같은 말이 자주 나오는 회사는 책임 소재가 명확하지 않고 의사결정도 미루는 회사라는 것쯤 능히 상상하고도 남는다. 경영, 현장 등 기업 전체의 의사결정 속도를 높이려면 먼저 회의에서의 의사결정을 바꿔보자. 이렇게 작지만 지속적인 커뮤니케이션으로부터 기업 문화가 탄생한다.

:: 회의에 경계선이 없으면 조직의 수준이 올라간다

비즈니스 프로세스에서 회의의 역할은 3가지다.

- **경험의 단축화**
- **네트워크화**
- **지식 창출**

경험의 단축화란, 한 사람 한 사람의 경험이 참석자 모두의 경험이 되는 것을 말한다. 특히 고객에 대한 정보, 타 회사나 타 분야에 대한 정보를 의사 체험할 수 있다. 회의를 통한 다른 사람의 발언, 사고방식, 의사결정도 경험을 단축할 수 있게 해준다.

네트워크화는, 회의를 통하여 공유하게 된 정보나 지식이 각각의 비즈니스 프로세스에 분산화되고 네트워크화하여 활용된다.

지식의 창출이란, '장'이 갖는 힘을 최대한 활용하여 신상품, 신사업, 비즈니스 모델 등을 제작하는 것이다. 서로 다른 비즈니스 프로세스에서 일하는 사람들이 장을 공유함으로써 각자의 분야만으로는 발상이 불가능한 아이디어가 샘솟듯이 솟아나게 된다.

금융 벤처회사인 A사는 주말마다 전 사원이 모이는 주말 미팅을 한다. 흔히 있는 맥주 파티 같은 것이 아니라 사회자가 의제에 따라 정식으로 진행하는 공적인 회의다. 각 분야마다 지난 일주일 간의 화제를 제공한다. 돌아가며 개인 발언도 해야 하기 때문에 A사의 사원들은 이 순간이 가장 긴장된다고 한다. 그러나 평소 교류가 없는 타 부서 사람들과 알게 되고 회사의 사업이나 상품에 대해서도 알게 되는 좋은 기회이기도 하다. 매주 정보를 공유함으로써 타 부서의 상품이나 사업에 대해서도 어느 정도 지식이 생겨 함께 토론도 할 수 있게 된다.

A사의 주말 미팅은 말 그대로 사원들의 경영 교육의 장이 되었다. 신입사원도 지명을 받으면 모두의 앞에서 자기 부서 소개와 화제에 대해 발언하지 않으면 안 된다. 만약 발언에 객관성이 결여되었거나 미비 사항이 있으면 혹독한 질문이 쏟아진다. 이렇게 A사의 사원들은 단련되어간다.

특별교육을 실시하지 않아도 회의를 통해서 사원들의 능력을 높여가는 구조로 되어 있다. 매주 정보를 공유할 수 있기 때문에 비즈니스 프로세스 전체에 대한 의논이나 각 비즈니스 프로세스에 대한 의논 모두를 할 수 있게 되었을 뿐 아니라 그 수준도 한층 높였다.

경계선이 없는 회의, 부서간의 벽을 없애기 위해 전 사원까지는 아니더라도 적어도 부서 단위 이상의 회의를 한다. 이는 훈시의 장이 되어서는 안 되며 모두가 적극 참여하는 주체적인 회의여야 한다. 모두에게 기회를 줌으로써 동기를 유발하고 교육 효과도 높일 수 있는데, 이 어찌 나 몰라라 할 수 있겠는가!

디즈니에는 '공 쇼Gong Show'라는 회의가 있다. 이를테면 오디션 비슷한 것으로 각자 자기의 작품을 가지고 참가하여 평가를 받는다. 반드시 기획 분야 사람이 아니어도 된다. 어느 분야건 누구건 자신의 기획을 선보일 수 있다. 재미가 없으면 여기저기서 야유가 터져 나오기도 한다. 그 유명한 〈포카혼타스〉도 공 쇼를 통하여 탄생했다.

창조적인 회사는 회의에 경계선이 없다. 경계선을 없앰으로써 경험을 단축시키고 네트워크화하여 지식을 공유한다.

▚ 의사결정 장면이 기업문화를 만든다

위에서도 언급했던 야마토 복지재단 이사장 오구라(전 야마토 운수 사장)는 "택배가 계속 신장하고 있는 이유는 빨라서도 아니고 간편해서도 아닙니다. 또한 서비스 내용이 좋아서도 아닙니다. 배달 책임자가 고객을 항상 염두에 두고 고객 형편에 맞추려고 노력하기 때문입니다"라고 말한다. 그래서 "야마토 운수가 왔다"가 아니라 "○○ 씨가 왔다"고 한다는 것이다.

야마토 운수의 강점은 현장 배달 책임자가 항상 의사결정을 한다는 점이다. 시간이 조금 지났어도 "7시까지라 안 됩니다"라고 다짜고짜 거절하지 않고 친절하게 고객에 응대해준다. 이런 이유로 경쟁이 치열한 택배 업계에서 고객의 마음을 붙잡을 수 있다.

오구라는 사장 재임 당시 '첫째 서비스, 둘째 이익'이라는 기준을 세웠다. 고객 대응에 서비스가 우선이라는 규칙이다. 이 규칙을 철저히 지키면서 의사결정을 했다.

"훌륭한 업적의 비밀은 회의에 있다"고 한 트럼프 인터내셔널의 요시코시 코이치로 사장이 16년 간 계속해온 회의가 있다. 이 회의는 매일 아침 8시 20분 본사 회의실에서 간부, 담당 직원이 모두 모여 진행된다. 진행자는 사장이며 회의하는 모습이 TV 화면을 통해 전국에 중계된다. 급여 문제와 인사 문제를 제외하고는 전부 공개되어 심의를 받는다.

이 회의에는 낭비가 없다. "결정해야 할 문제와 해결해야 할 문제가 산더미같이 쌓여 있다. 질질 끌고 있다가는 회사가 망한다"고 요시코시 사장이 말하듯이 이 회의는 '즉결'을 원칙으로 한다. 사장부터 차례로 던지는 질문에 담당자는 즉각 대답해야 한다. 그리고 질문에 대한 답이 나오면, "그럼 이 건은 내일까지 부탁합니다"라고 반드시 데드라인을 정해준다.

트럼프에서의 데드라인은 결코 어겨서는 안 되는 신성한 약속이다. 조금이라도 늦으면 전국의 사원들 앞에서 호되게 문책을 당한다. 이 혹독함이 업무의 속도와 책임감을 높인다고 요시코시 사장은 말한다. 이 회사는 이 회의를 도입한 이후 계속 수익을 늘려가고 있다. 의사결정 장면이 바뀌면 사원의 행동이 바뀐다. 그렇게 되면 기업문화가 바뀌는 것은 시간문제다.

논리적 사고와
본질적 사고로
운영되는 회의가
조직을 활성화시킨다

사고를 바꿔 정체된 회의를 깨부순다!

:: 정체된 회의! 언제까지 할 것인가?

HR 인스티튜트에 있는 어느 컨설턴트로부터 들은 이야기다.

"K사 담당자가, 회의에는 논리적 사고가 필요하다는 겁니다. 그 사람 혹시 이 책의 기획 사실을 알고 있는 것 아닐까요?"

날카로운 지적이다. 논리적인 사고를 단순한 사고 기술의 하나라고 생각하는 사람은 이런 말을 할 수 없다. 이 발언은 논리적인 사고를 깊이 연구하고 실천하여 몸에 익히고, 오래 생각한 끝에 나온 발언으로 본질을 정확히 꿰뚫어 보고 있다.

회의란 논리적 사고 바로 그 자체다. 논리적 사고는 실제로 그 이상의 힘을 지니고 있다. 분명 회의는 논리적 사고 그 자체이며 회의 중에는 물론이고 회의가 끝난 후에도 논리적인 사고방식은 널리 활용할 수 있다.

또한 논리적 사고는 회의의 범위를 뛰어 넘어 회사 전체를 끌어들일 만큼 강한 영향력을 지니고 있는 사상이나 문화라 할 수 있다. 논리적으로 논의되는 회의에서, 논리적으로 의사결정된 것이, 논리적으로 현장에 침투되어, 논리적으로 실행에 옮겨진다. 그리고 그 결과가 논리적으로 되돌아와 다시 회의에서 논리적으로 논의된다.

이렇게 회의가 시작되어 현장에 침투되고 다시 회의로 돌아오는 논리적 사고의 사이클이 원활하게 돌아갈 때, 회사는 틀림없이 바뀐다. 앞에서도 언급한 야마토 복지재단의 오구라 이사장은 다음과 같이 말한다. "논리적으로 생각하고 윤리관을 갖고 알기 쉽게 설명한다. 이것을 계속함으로써 좋은 회사 풍토가 생겨난다."

논리적인 사고는 단순한 기술이 아니다. 회사를 바꿀 수 있는 사상인 것이다!

샐러리맨들에게 회의의 문제점에 대해 질문을 했더니 다음과 같은 대답들이 나왔다.

- 시야가 좁고 틀에 박힌 발상밖에 나오지 않는다.
- 무엇을 어디까지 논의해야 할지 모르겠다.
- 의사결정이든 뭐든 결론의 선택 사항이 항상 하나밖에 없다.
- 무리하게 회의 참석을 요구받는다.
- 논의가 잘 정리되지 않아 도중에 혼란에 빠진다.
- 회의의 본질과 동떨어진 논의에 오랜 시간을 할애해서 시간 낭비가 많다.

- 서로의 논의 수준이 항상 일치하지 않는다.
- 정보가 너무 많아서 쉽사리 정리되지 않는다.
- 문제점이나 과제를 끄집어내는 데 항상 미진한 점이 있다.

유감스럽게도 일반적인 회의에 대한 인상은 결코 좋지 않다. 본래 회의는 아주 생산성이 높은 현장이어야 마땅하다. 그래서 회사들은 통상적인 업무와는 다른 장場을 만들어서 사원들의 생산성을 집약시키기 위해 많은 비용을 들여 회의를 마련하고 있다.

그러나 실제로 이루어지고 있는 회의는 생산성을 높이기는커녕 오히려 생산성을 떨어뜨리는 낭비의 시간이 되어버렸다. "이 회의의 의제는 어떻게 하면 업무의 생산성을 높일 수 있을까 입니다"라고 사뭇 진지하게 얘기를 하면서도 스스로 아무 생각 없이 생산성을 낮추는 회의를 반복하는 사례 등은 정말 한심한 일이다. 그런데 지금 한심하다고 말한 당신, 당신의 회사는 정말로 회의가 잘 이루어지고 있는가?

위의 9가지 문제점을 한마디로 표현하면 '정체된 회의'라고 할 수 있다. 정체된 회의를 한번 상상해 보기 바란다. 미간을 찌푸리고 거드름을 피우는 상사들이 연공서열 순으로 늘어선 회의, 들려오는 것은 의장의 목소리뿐이며 의견을 내놓거나 발언은 거의 없는 회의, 용기를 내서 발언한 것은 좋았는데 일제히 다른 사람의 비판을 받고 얼굴을 들지 못하고 있는 회의 등, 즉 회의장 분위기가 정체되어서 활기가 없는 회의를 떠올리는 사람이 많을 것이다.

회의중에 담배는 피울 수 있는데 공기청정기가 없는 회의실에서는 담배연기까지 정체되어 있어서 정말 견뎌낼 수가 없다. 유유히 공중에 떠다니는 담배연기를 바라보며 '이 회의 언제 끝나지?' 하는 사원이 많은 회사는, 병으로 치자면 말기 증상이다.

이 장의 요점은 어디까지나 논리적 사고와 본질적 사고다. 그런 관점에서 정체된 회의라는 개념을 다시 정의해봐야 한다. '논리적, 본질적으로 정체된 회의'라고 하면 무엇이 떠오르는가? 한 마디로 '이해하기 어려운 회의'다.

이해하기 어려운 회의란 비논리적이고 비본질적인 회의를 말한다. 앞서 언급한 9가지 항목을 다시 살펴보자.

- ● 시야가 좁고 틀에 박힌 발상밖에 나오지 않는다.
  - → 좀더 넓게 생각할 수 없나?
- ● 무엇을 어디까지 논의해야 할지 모르겠다.
  - → 이 회의에서 무엇을 논의하고 있지?
- ● 의사결정이든 뭐든 결론의 선택 사항이 항상 하나밖에 없다.
  - → 뭐야! 답은 이미 결정되어 있잖아? 지금까지 뭐하려고 의논했지?
- ● 무리하게 회의 참석을 요구받는다.
  - → 이거 나하고 관계있는 문제야?
- ● 논의가 잘 정리되지 않아 도중에 혼란에 빠진다.
  - → 어… 이 이야기 나만 이해 못하는 거야?

- 회의의 본질과 동떨어진 논의에 오랜 시간을 할애해서 시간 낭비가 많다.

  → 저 아저씨, 본질에서 벗어나 삼천포로 가고 있는 거 아냐!

- 서로의 논의 수준이 항상 일치하지 않는다.

  → 〈나〉 당신 얘기는 무슨 소린지 하나도 모르겠어!

    〈상대방〉 너도 마찬가지야!

- 정보가 너무 많아서 쉽사리 정리되지 않는다.

  → 무엇을 어디부터 정리하고 무엇을 이야기해야 좋을지 모르겠군!

- 문제점이나 과제를 끄집어내는 데 항상 미진한 점이 있다.

  → 정말 이것만 생각하면 충분한 거야? 잘 모르겠네.

이러한 회의가 지금까지 여기저기서 거듭되어 왔다. 그래서 이 장에서는 정체된 회의, 즉 이해하기 어려운 회의를 깨부수기 위한 논리적 사고와 본질적 사고에 대한 방법론과 그 기술의 활용법에 대해 살펴보자.

:: 논리적인 회의로 무엇이 어떻게 바뀌는가?

"회의를 효율적으로 하고 싶다"는 말을 자주 듣는다. 이 '효율'이라는 시각에서 회의를 분석하면 다음과 같이 크게 4가지로 나뉜다.

> ① 회의의 횟수를 줄인다.
>
> ② 회의의 시간을 짧게 한다.
>
> ③ 회의에 드는 비용을 줄인다(회의실 임대비용, 회의 출장비,
>   자료 인쇄비 등).
>
> ④ 회의의 내용을 충실하게 한다(밀도를 높인다).

　회의의 생산성을 높이기 위하여 일부러 횟수나 시간을 줄이는 것은 바람직한 일은 아니라고 생각한다. 회의에서 정말 중요시되어야 할 점은, 회의를 개최할 만큼의 부가가치를 창출해 낼 수 있는가의 여부다.

　① ②만 실행하고 '생산성을 높였다!'고 만족한다면 회의 개선에 해당하는 초급 수준을 벗어나지 못할 것이다. ③은 개선 이전의 문제이므로 누구나 당연한 것으로 생각한다. 논리적인 회의, 즉 이해하기 쉬운 회의란 '④회의의 내용을 충실하게 한다'를 실천하는 회의를 말한다. 바꾸어 말하면 중급 수준의 '회의 혁신', 나아가 고급 수준의 '경영 혁신'으로 연결되는 질 높은 회의 실천을 가리킨다.

　요컨대 회의 내용을 충실하게 하는 것, 회의 밀도를 높이는 것 자체가 참된 의미에서 회의의 생산성을 높이게 되어 결과적으로 회의의 횟수를 줄이게 되고 회의 시간을 짧게 만든다.

　그러면 논리적 사고란 어떤 것인지 알기 쉽게 체계를 세워서 생각해보자.

HR 인스티튜트에서는 논리적 사고를 다음 9개의 단면으로 체계적으로 정리해보았다. (도표 4-1)

> ● **3가지 사고법** : 제로베이스 사고, 프레임워크 사고, 옵션(선택) 사고
> ● **3가지 기반 기술** : 커미트먼트, 스트럭처, 컨셉
> ● **3가지 도구** : 로직트리, 매트릭스, 프로세스

먼저 3가지 사고법.

제로베이스 사고는 말 그대로 고정관념이나 기존개념이 아닌 백지에서 출발하는 발상이다. 프레임워크 사고는 어떤 것을 생각할 때, 테두리를 지정하거나 범위를 제시하는 것을 말한다. 그리고 옵션 사고는 생각하거나 결정할 때의 사고 과정으로 선택 사항을 미리 설정하는 것을 의미한다.

상세한 내용은 잠시 후에 설명하겠지만 이들 사고법을 이용하여 지금까지의 회의의 문제점이 어떻게 해결되는지 상상해보자.

> ● 시야가 좁고 틀에 박힌 발상밖에 나오지 않는다.
>   → 할 수 있는 일만 하려던 생각이 해야 할 일이나 하고 싶은 일을 하겠다는 생각으로 바뀌었다.
> ● 무엇을 어디까지 논의해야 할지 모르겠다.
>   → 적절한 범위에서 정보나 의견이 정리되어 본질을 논의할

> ───────────────────────────────────────
> 　　수 있게 되었다.
> ● 의사결정이든 뭐든 결론의 선택 사항이 항상 하나밖에 없다.
> 　→ 복수의 선택 사항에서 최적의 의사결정을 위한 논의가 활
> 　　성화되었다.
> ───────────────────────────────────────

계속해서 3가지 기반 기술.

커미트먼트란 당사자의식을 말한다. 즉 당사자의 입장에 서보는 것, 약속한 사항을 엄수하는 자세 등을 말한다. 스트럭처란 한 축을 설정하고 사물이나 정보를 구조화해서 파악하는 것을 말한다. 계층화, 상관 관계, 위치 설정 등이 포함된다. 컨셉이란 쓸데없는 것을 없애고, 날카롭게 지적하고, 초점을 맞추어서 심화시킨 본질을 말한다.

> ───────────────────────────────────────
> ● 무리하게 회의 참석을 요구받는다.
> 　→ 주체적으로 회의 논의에 참여할 수 있게 되었다.
> ● 논의가 잘 정리되지 않아 도중에 혼란에 빠진다.
> 　→ 구조화에 의해서 참석자의 머리 속이 똑같이 정리되었다.
> ● 회의의 본질과 동떨어진 논의에 오랜 시간을 할애해서 시간
> 　낭비가 많다.
> 　→ 항상 본질을 파악하고 본질을 전달할 수 있도록 집중함으
> 　　로써 회의의 진행이 빨라졌다.
> ───────────────────────────────────────

3가지 사고법	제로베이스 사고	회의에서 사고의 원점. 회의의 목적을 확인하고 좀더 높은 성과를 실천할 수 있도록 사고하는 것.
	프레임워크 사고	
	옵션 사고	
3가지 기반 기술	커미트먼트	회의에서 논의된 사항이 구체적이고 효율성 높은 성과나 의사결정이 이루어지도록 하는 기반 기술.
	스트럭처	
	컨셉	
3가지 도구	로직트리	회의에서 혼돈된 내용을 정리하고 마무리 짓기 위한 각종 분석 방법이나 포맷.
	매트릭스	
	프로세스	

3, 3, 3

마지막으로 3가지 도구에 대해 알아보자.

이미 많이들 알고 있는 로직트리. 트리를 습관적으로 사용하다 보면 회의의 논의가 척척 진행되는 것을 알 수 있다. 자신이나 회의 참석자가 지금 어느 단계(트리 계층)에서 이야기하고 있는지 바로 판단할 수 있기 때문이다. 매트릭스란 다양한 정보를 정리하기 위한 도구로 2개의 축으로 된 그림이나 차트 등을 가리킨다. 그리고 프로세스는 사물이나 가치의 흐름을 주로 시계열時系列로 정리해서 파악하기 위한 도구다.

- ● 서로의 논의 수준이 항상 일치하지 않는다.
  - → 회의 참석자가 공통의 트리를 머리에 그림으로써 논의의 미진한 부분이나 중복된 내용을 알아차리게 되어 효과적이고 효율적인 발언이 많아졌다.
- ● 정보가 너무 많아서 쉽사리 정리되지 않는다.
  - → 적절한 축을 사용함으로써 필요한 정보가 정연하게 정리되었다.
- ● 문제점이나 과제를 끄집어내는 데 항상 미진한 점이 있다.
  - → 프로세스 별로 정리함으로써 중요한 포인트를 파악할 수 있게 되었다.

이와 같이 논리적 사고에 의해서 회의는 이해하기 쉬워진다. 논리적 사고는 그렇게 어려운 것이 아니다. 논리적이라고 하면 막연

하고 어렵게 느껴지지만 사고법과 기술, 도구를 종합적으로 조합한 것이 바로 논리적 사고다. 이렇게 파악하면 내일부터라도 회의에 활용할 수 있는 힌트를 많이 발견할 수 있을 것이다.

HR 인스티튜트에는 '워크아웃'이라고 하는 독특한 연수 프로그램이 있다. 정확히 표현하면 '연수×컨설팅' 회의 스타일로 인재육성 프로그램이라고 하는 편이 적절하다. 워크아웃에서의 주역은 컨설턴트가 아니다. '어떠한 존재여야 하는가?' '어떻게 하고 싶은가?'는 수강자 자신이 주체적으로 생각하게 한다. 컨설턴트가 유능한 회의 진행자로도 될 수 있는 구조다.

'이렇게 해야 한다!' 형의 컨텐츠 컨설팅이 아니라, '자 어떻습니까? 함께 생각해 볼까요?' 형의 프로세스 컨설팅이 워크아웃의 진수다. 수강자가 스스로 생각해서 움직이고 결단을 내리기 때문에 아웃풋에 대한 생각의 강도, 즉 책임의식의 깊이가 다르다. 그렇기 때문에 마지막까지 자신의 힘으로 해낼 수 있는 실효성 높은 아웃풋을 생산한다.

이와 같이 워크아웃은 지식이나 지혜를 일방적으로 강요하는 종래의 연수와는 전혀 다르다. 수강자, 컨설턴트가 한데 섞여 논의와 가설을 검증하고 프레젠테이션과 의사결정을 반복하는, 실로 순간순간이 승부인 회의 그 자체가 워크아웃 프로그램이다.

:: 논리적이고 본질적 사고로 회의와 회사를 바꾼다!

얼마 전부터 논리적 사고가 대유행이다. 그런 만큼 특별한 코너가 설치되어 있는 서점도 많다. 그러면 왜 지금 논리적 사고가 유행일까? 이제 특별히 노력하지 않아도 성장하던 시대는 끝났다. 지금은 정답을 알 수 없는 시대, 정답이 없는 시대이기 때문에 요구되는 것이 바로 논리적인 사고다.

감각과 경험 같은 감성만으로는 이제 갈팡질팡하는 비즈니스맨들을 이해시킬 수 없다. 결론이 명확하고, 논리가 명확하고, 근거가 명확해야만 비로소 상대방을 이해시킬 수 있다.

논리적 사고는 지금까지 정이나 감성에 중점을 두고 비즈니스를 해온 사람들을 한 단계 위의 비즈니스 수준으로 끌어 올리고, 성장시킬 수 있는 가능성을 지니고 있다. 그래서 지금 논리적 사고가 대유행이 되고 있다. 또한 논리적 사고는 정답이 없는 시대에 본질에 초점을 맞추고 심화시킴으로써 정답(진리)에 접근하는 매우 전략적인 사고이기도 하다.

우선 이 논리적 사고를 회의에 활용해서 회의 개선, 회의 개혁을 도모하기를 바란다. 그 동안의 회의와 비교해 보고 회의를 보는 시각이 바뀌었다면 초급의 회의 개선은 달성된 셈이다. 그리고 논의가 바뀌면 어느 정도의 회의 혁신도 달성된다. 그리고 최종적으로 의사결정까지 바뀌어 그 의사결정을 바탕으로 기업, 조직, 개인의 유전자 수준, 행동 수준의 변혁까지 연결할 수 있으면 훌륭한 경영 혁신이 달성된다.

시행착오를 반복해서 사고를 바꾸자! 사고가 바뀌면 지향하는 목표가 바뀐다. 지금까지의 낡은 체질을 버리고 회의를 바꾸자! 그러면 회사가 바뀐다!

3가지 사고법을 통해서 생겨나는
회의의 역동성

⠿ 변혁은 제로베이스 사고에서 시작된다

3가지 사고법이란 제로베이스 사고, 프레임워크 사고, 옵션 사고를 말한다.

"그것은 무리입니다. 될 수가 없어요." 이런 말은 회의에서 배제하고 시작해보자. 인간은 '할 수 없다'고 생각하는 순간부터 사고의 정지 상태에 빠지게 된다. 그 이상의 가능성을 포기해버리기 때문이다. '될 리가 만무하다'는 기존관념이나 고정관념에 사로잡혀서는 현상유지적인 사고와 보수적인 사고밖에 못한다.

제로베이스 사고는 기존관념이나 고정관념에 구속되지 않는다. 생각할 것은 바람직한 자세와 되고 싶은 자세, 그리고 거기에 접근하기 위한 방법론이다. 그리고 거기에 모든 생각을 집중시킨다.

제로베이스 사고란 다시 말하면 새로운 사고, 변혁 사고, 창조적

파괴 사고다. 쓸데없는 정보나 잡다한 것은 버리고 머리 속을 비운다. 해낼 수 있는 만큼 해낼 수 있는 방법만을 생각하는 것이 제로베이스 사고의 기본 원칙이다.

　HR 인스티튜트의 논리적 사고 세미나에서는 때때로 브레인스토밍을 실시한다. 아이디어를 메모지에 생각나는 대로 써서 매트릭스를 그려놓은 화이트보드에 계속 붙여 나간다.

　그까짓 브레인스토밍? 하고 우습게보면 안 된다. 이것은 전략적 컨설턴트에게는 빠트려서는 안 될 문제해결 방법 중 하나다. 세계적으로 유명한 전략 컨설팅 회사인 맥킨지 사의 미국 사무소에서는 보통 일주일에 한 번씩, 약 2시간을 브레인스토밍 회의를 위해서 쓴다. 아이디어가 중단되는 일이 없도록 음식도 미리 준비해 두고 시작한다. 때로는 맥주도 곁들인다(오해가 없도록 덧붙이지만 HR 인스티튜트의 논리적 사고 세미나에서는 맥주를 허용하지 않는다).

　사실 논리적 사고 세미나에서 이 브레인스토밍 시간이 아주 인기가 있다. 더구나 신입사원보다도 중견사원, 중견사원 보다도 간부사원 쪽이 훨씬 성황이다. 이것은 모든 기업들이 제로베이스 사고를 멀리해 온 서글픈 현실을 여실히 나타내고 있다.

　요컨대 신입사원들은 선입견이나 고정관념이 적어서 참신한 아이디어가 계속해서 나오지만 간부사원들은 그들의 오랜 경험이 오히려 아이디어 창출을 방해하기 때문이다. 모두 명심할 점은, 다음 회의부터 "할 수 없다"라는 말은 금지다. 제로베이스 사고 없이 회의는 개선되지 않고 회의 개선 없이 경영 혁신은 없다!

:: 논의해야 할 범위를 분명하게 설정한다

"주어진 정보가 너무 많아서 무엇을 어떻게 정리하고 어디서부터 논의해야 할지 알 수 없게 되어 버렸다. 결국 중요한 논의가 빠져버렸다."

이럴 때 바로 도움이 되는 것이 논리적 프레임워크 사고다. 말 그대로 프레임워크 사고란 사물을 이해하거나 설명하기 쉽게 하기 위해서 범위를 한정해서 생각하는 것을 가리킨다.

프레임워크를 이용해서 정리하면 중요한 사항의 누락을 막을 수 있다. 또한 어떠한 관점에서 정보 수집, 정리, 분석하면 좋을지 시사해준다. 프레임워크는 크게 5가지 카테고리로 정리할 수 있다.

- 요소 프레임워크(4P · 3C · 5F · 7S 등)
- 구조 프레임워크(비즈니스 시스템)
- 추상단계 프레임워크(비즈니스 계층구조 등)
- 순서 프레임워크(제품 라이프사이클 등)
- 위치 설정 프레임워크 (PPM 등)

이러한 프레임워크를 잘 응용하면 회의의 생산성은 틀림없이 올라간다. 예를 들면 요소 프레임워크인데, 회의에서 신상품 '○○주스'의 매출이 부진한 원인을 둘러싸고 논의한다고 해보자. 프레임워크 사고가 없는 채로 논의를 시작하면 어떻게 될까?

A부장 : 이 상품은 이번 분기의 당사 이익에 중요한 열쇠를 쥐고 있는데, 도대체 매출이 오르지 않습니다. 오늘은 모두 매출 부진의 원인이 무엇이라고 생각하는지 의견을 말해주시오!

참석자 일동 : … (무슨 뚱딴지같은 소리야! 갑자기 얘기하라면 무슨 말을 할 수가 있어?)

Y과장 : 이런 문제는 매일 직접 고객과 대면하는 현장의 젊은 사원들에게 묻는 편이 좋겠군요. K팀장이 말해 보시죠!

K팀장 : 글쎄요. (또 시작이군, 늘 이렇다니까…) 맛에 관해서는 타사 제품에 비해서 결코 떨어지지 않는다고 생각합니다. C군은 어떻게 생각하나?

C군 : 예. (내 차례인가?) 포장용기 이미지가 다소 약하다는 느낌이 듭니다. 이래서는 상품진열대에서 사람들 눈에 띄기 어렵습니다.

H씨 : 아니, 중요한 것은 포장이 아니라 회사 로고라고 생각합니다.

C군 : 아무래도 상품 브랜드가 나쁜 게 아닐까요?

A부장 : 그래, Y과장! 결국 뭐가 문제인가?

Y과장 : 예, 글쎄요. K팀장! 종합해 보면 어떤 결론이 나옵니까?

K팀장 : 글쎄요. (결국 또 나야!)

만약 여기에서 4P라는 프레임워크를 이용하면 어떻게 바뀔까?

A부장 : 이 상품은 이번 분기의 당사 이익에 중요한 열쇠를 쥐고
　　　　있는데, 도대체 매출이 오르지 않습니다. 오늘은 모두 매
　　　　출 부진의 원인이 무엇이라고 생각하는지 의견을 말해주
　　　　시오!

Y과장 : 모두 4P라는 프레임을 알고 계시지요? 즉, 프로덕트(상
　　　　품), 프라이스(가격), 플레이스(유통경로), 프로모션(판매촉
　　　　진)을 말합니다. 어떻습니까? 매출 부진의 원인을 이 4가
　　　　지 범위로 정리해볼까요?

K팀장 : 좋은 아이디어입니다. (과연 Y과장이야! 믿음직스러워)

C군 : 그럼 제가 정리해서 여러분의 의견을 화이트보드에 적어보
　　　겠습니다.

K팀장 : 먼저 상품부터 살펴봅시다.

Y과장 : 맛은 어떻습니까?

K팀장 : 맛은 타사 제품과 비교해 보더라도 결코 뒤지지 않는다
　　　　고 생각합니다. C군은 어떻게 생각하나?

C군 : 저도 K팀장님 의견과 같습니다. 지난 달 고객 설문조사에
　　　서도 맛에 대한 만족도는 100점 만점에 89점을 얻었습니다.

H씨 : 포장의 회사 로고가 약하다는 느낌이 듭니다. 며칠 전 친구
　　　에게 물었더니 어떤 로고인지 전혀 생각이 나지 않는다고
　　　해서 충격을 받았습니다.

A부장 : Y과장! 결국 뭐가 문제인가?

Y과장 : 예. 지금까지의 검토 결과를 종합해 보면 아무래도 판촉

에 문제가 있습니다. 상품명의 고객인지도가 낮은 것이 판매 부진의 원인라고 생각합니다. 타사 제품과 비교하더라도 상품 인지도가 낮은 것을 알 수 있습니다. 판촉부와 연락해서 바로 대책을 세우겠습니다.

A부장 : 좋아! 알았네. 내가 판촉부장과 미리 연락해 두지.

이제 4P라는 요소 프레임워크 사고를 사용하면 회의가 매끄럽게 진행된다는 사실을 알았을 것이다.

구조 프레임워크는 무엇과 무엇이 어떻게 결합되어 있는가를 생각할 때 도움이 된다. 전체 모습을 파악할 수 있어서 논의해야 할 사항을 빠뜨린다든가 중복되는 것을 막을 수 있다.

추상단계 프레임워크는 추상적이고 형태가 없는 것을 논의할 때 대화가 어수선해지는 것을 방지할 수 있다. 앞서 언급한 워크아웃에서 자주 볼 수 있는 모습이다. 어떤 사람은 임무를 목표라고 말하고, 다른 사람은 비전을 전략이라 하고, 또 다른 사람은 전략을 이야기하면서 계획이라고 주장하고 있다. 이럴 때 화이트보드에 비즈니스 계층 구조가 하나 그려져 있으면 곧 바로 어긋나버린 논의의 추상 궤도를 수정할 수 있다.

"당신이 말씀하시고 계신 것은 계획 수준의 이야기로군요? 지금 우리가 논의하고 있는 것은 그 위의 전략 수준 이야기입니다."

"아, 정말 그렇군요."

이렇게 회의의 어지러운 분위기를 수습할 수 있다.

도표 4-2 3가지 사고법의 목적과 유의점

	목적(의의)	유의점
제로베이스 사고	· 고정관념을 버린다. · 넓은 시야로 상황을 객관화한다. · 가능성을 넓힌다. · 창조성을 높인다.	· '제로베이스 = 백지'에서 생각하는 원칙을 철저히 지킨다. · "할 수 없다"란 말은 금지!
프레임워크 사고	· 사고의 정리를 위해 기반을 준비한다. · 범위를 한정한다. · 정보를 범주화한다. · 단면을 설정하고 정리한다.	· 일정 지식이 필요하다. · 케이스별로 적절한 프레임을 선택한다. · 최적의 프레임을 만드는 능력이 요구된다.
옵션 사고	· 의사결정에 이르기까지의 과정에 선택 사항(옵션)을 설정한다. · 모든 방향으로 검토한다. · 차이점과 우위성을 명확히 한다. · 토론을 활성화한다.	· 초점 맞추기와 심화가 기본! · 더하거나 나누지 않고, 단념하고 버림으로써 선택 사항이 정리된다.

순서 프레임워크는 시간의 경과에 따라서 발생하는 다양한 변화나 수순을 프레임워크화한 것이다. 일의 흐름이나 수순에 관해서 순서에 따라 확인할 때 활용할 수 있다.

위치설정 프레임워크는 주로 포지션화할 때 도움이 된다. 예를 들면 PPM(Product Portfolio Management), 자사 혹은 타사의 사업이나 상품을 단위화해서 포지션을 파악한다. 시간이란 개념을 추가하면 과거, 현재, 미래의 포지션을 생각할 수 있고 과거와 현재의 시간적인 위치를 알 수 있게 해준다. 따라서 앞으로 어디로 나아갈 것인지의 전략과 방법이 보이게 된다.

지금까지 분석 프레임워크의 대표적인 내용을 살펴보았는데, 이러한 프레임워크는 회의에서 논의한 내용을 정리하는 역할은 물론, 더 나아가 새로운 논의를 만들어 내는 실마리 역할도 담당한다. 논의를 프레임으로 정리하는 일은 다음 논의의 기반을 만드는 일이라 할 수 있다. 따라서 프레임워크의 활용은 논의를 활성화하는 데에도 기여한다.

▪▪ 선택 사항이 없는 의사결정이 회의를 망쳤다!

옵션 사고는 '객관적인' 결론을 유도하기 위한 사고법이다. 지속적인 성장의 시기에는 모호한 의사결정을 하더라도 시대적인 추세 덕분에 성장할 수 있었을지 모르지만, 지금은 다르다. 정답이 없는 시대에 의사결정이 잘못 내려지면 되돌릴 수 없는 사태를 불러 올 위험성을 안고 있기 때문이다.

"현재 이 방법말고는 생각할 수 없습니다. 어떻습니까?"

"당신이 그렇게 말하면, 괜찮은 것이겠지!"

가장 높은 사람이 손을 올리는 것을 보고 차례차례 찬성의 손이 올라간다. 아래 사람들은 그 모습을 보고 축구경기장에서 응원하는 서포터를 연상할 것이다. 원래 의사결정은 반드시 선택을 통해서 논의되어야 할 사항이다. 옵션 사고란 결론을 위한 선택 사항을 복수로 제시해서 철저하게 논의하는 것이다.

여기에서 핵심은 '선택 사항'과 '논의'다. 선택 사항을 제시하는 것은 하나의 안(=이 안 이외에는 없습니다)을 '좋다' '나쁘다'로 결정하는 것이 아니라, 복수의 선택 사항에서 하나를 택하는 것을 말한다. 더욱이 제각각의 선택 사항은 모두 선택할 가치가 있어야만 한다. 그만큼 선택하기 어려우면 어려울수록 다음 논의가 활발히 진행되기 때문이다.

A안은 어떤가? B안은? 또 C안은? 그러한 근거는?

의사결정 현장은, 바꾸어 말하면 의논하는 장소다. 단순히 의견을 묻는 차원이 아니라 어디까지나 의논을 하는 데에 집중하자!

3가지 기반 기술을 익혀
회의의 달인이 되자!

⁛ 대등한 입장과 눈높이가 당사자의식을 높인다!

3가지 기반 기술이란 커미트먼트(당사자의식), 스트럭처(구조화), 컨셉(본질)을 말한다.

요즈음 비즈니스 현장에서 커미트먼트라는 말을 자주 듣는다. 이 말에서 바로 연상되는 사람이 닛산의 카를로스 곤이다. 그는 닛산 재건계획을 세웠을 때, 외부 컨설팅 회사를 끌어들일 생각을 전혀 하지 않았다. 그리고 단호히 "변혁을 실행하는 사람들은 우리들이다. 따라서 그 계획은 당연히 내가 세운다"라고 했다. 그리고 사원들에게도 "내가 반드시 달성한다!"라고 선언할 것을 주문했는데, 이것을 커미트먼트라고 말할 수 있다.

회의에서 커미트먼트를 목표 달성이라고 해석하면 조금 어긋난다. 여기서 커미트먼트란 당사자의식을 갖는 것, 상대방과 같은 눈

높이나 입장에 서는 것으로 해석하기 바란다.

회의중에 자신과는 관계없다고 무성의한 태도를 보이는 사람이 있는데, 이러한 사람은 당사자의식이 전혀 없다. 그와 달리 회의에 참석하거나 논의에 참가하는 사람 중에서 당사자의식을 갖고 있는 사람들은 진지하다. 단 한마디를 하더라도 혼이 들어간 발언을 한다. 성실히 상대방의 이야기를 이해하려고 노력한다. 상대방 이야기에 공감하면 고개를 끄덕이며 맞장구를 친다.

회의중에 계급이나 연령 등의 서열은 큰 문제가 아니다. 중시되어야 할 것은 발언의 무게나 당사자의식이다. 어떤 회의에 신입사원이 참석했다고 가정하자. 그가 의욕이 넘쳐서 누구보다도 적극적으로 발언했다면 대다수의 사람들은 그를 건방진 녀석이라고 생각할 것이다.

그러나 여기서 가장 문제의식을 가진 사람은 누구일까? 그렇다. 그 신입사원이야말로 당사자의식이 있는 사람이다. 변변한 발언도 하지 않은 무리들에게 그를 건방진 녀석이라고 부를 자격은 없다!

회의에 참석하는 사람은 누구라도 대등한 입장이나 눈높이에서 대해야 한다. 그렇게 함으로써 회의의 논의와 결정 사항에 대한 당사자의식, 즉 커미트먼트는 틀림없이 높아질 것이다.

⠶ 회의의 미아 구출 작전

어린 시절 누구나 한 번쯤 미아가 되었던 경험이 있을 것이다. 마찬가지로 아마 비즈니스맨 중 누군가는 회의중에 미아가 된 경험이 있을 것이다. 여기에서 미아라고 하는 것은 논의 도중에 화제 방향을 놓쳐 버리는 것을 말한다. 만약 당신이 회의중에 미아가 되었다면 스트럭처라는 기술이 당신을 미로에서 구출해 줄 것이다.

스트럭처란 구조화를 말한다. 회의에서 사용될 수 있는 스트럭처는 크게 2가지로 분류할 수 있다.

- 계통화
- 포지셔닝화

계통화란 하나의 축에 모든 요소를 늘어놓고 순번을 매기는 것을 말한다. 계통화해서 파악함으로써 사물의 중요도나 우선순위를 검증하고 판단할 때 도움이 된다. 중요도나 우선순위가 잘 파악되므로 논의되어야 할 초점이 맞추어져 회의의 생산성이 높아진다.

포지셔닝화란 여러 개의 축이나 사분면四分面 위에 관계나 위치를 객관적이고 체계적으로 정리하는 것을 말한다. 자기나 상대방을 객관화함으로써 포지션을 꿰뚫어 보는 힘이 생겨나고, 여기에 시간축을 덧붙이면 방향성을 볼 수 있는 힘이 길러진다.

이러한 구조화 방법을 사용하면 참석자의 머리 속이 똑같은 구조로 정리되어 인식의 공유를 꾀할 수 있다. 그리고 공유된 인식은 다음 논의를 진행하는 데 있어서 '사실fact'이 된다. 사실에 바탕을 둔 논의이기 때문에 논의나 의견은 같은 목적을 향해서 통합되고 수렴되어간다.

스트럭처란 회의의 미아에게 와 닿는 구원의 손길이다. 집(=회의 목적, 목표)이라는 장소와 현재 위치(=논의의 수준이나 진척 상황)를 알려 주고, 되돌아가는 길(=앞으로의 할 일)을 확실하게 해주는 것이 스트럭처의 역할이다.

에센스 커뮤니케이션에 숙달되다

여기서 컨셉은 단순히 개념이라기보다 그 근본인 본질을 말하는 것으로 차별적 우위성을 말한다. 예를 들면, "사진 메일의 컨셉이 무엇이냐?"라는 질문을 받았다면 뭐라고 대답을 해야 할까? 또한 "사진 메일의 차별적 우위성은?"이라는 질문에는 어떻게 대답해야 할까? "사진 메일이란 휴대전화로 찍은 사진을 현장에서 메일로 보내는 것"이라고 대답할 수 있을 것이다. 차별적 우위성이라고 할 정도이기 때문에 그리 간단하게 말할 수 없는, 아주 압도적인 막강함이 컨셉이다.

의사결정에 속도가 요구되는 시대에, 당연히 회의에 필요 이상의 시간을 낭비할 수 없다. 이러한 때에 회의 밀도를 높일 수 있는 열쇠는 컨셉이 쥐고 있다. 본질을 꿰뚫어 보고 본질만을 뽑아내는 데 모든 신경을 쏟아 본질만을 집중적으로 논의하면 쓸데없는 회의 시간을 줄일 수 있다. 따라서 의사결정의 결론도 당연히 본질적인 것이 된다.

본질을 전하고 본질을 유도하기 위한 커뮤니케이션을 '에센스 커뮤니케이션'이라고 부른다. 에센스 커뮤니케이션은 모든 컨설턴트의 필수적인 기술 중 하나다.

신출내기 컨설턴트가 처음 경험하는 업무의 하나가 회의 의사록을 작성하는 일이다. 협의, 회의, 연수를 하면서 항상 의사록을 작성한다. 그러다 보면 어느 날부터 대화의 논리가 보이기 시작한다. 더 계속하다 보면 화제의 본질을 완벽하게 파악할 수 있게 된다. 약간 비논리적인 상대라 하더라도 상대방의 말하려는 의도나 기대치를 정확히 파악해서 의중을 읽게 된다.

즉 "So What?"이 없어지게 된다. 이야기를 다 듣고 나서 자리를 떠날 때는 앞으로 실행해야 할 내용의 청사진이 거의 그려지게 된다. 이 수준까지 도달했다면 당신은 컨셉을 파악하는 데 고급자 수준이 틀림없다.

컨셉의 파악 능력과 에센스 커뮤니케이션을 숙달하고 싶으면 앞으로 회의의 의사록 작성을 해보자. 반년이나 1년 정도가 지나면 회의 중에 다른 사람들의 발언 내용을 듣는 능력이나 자신의 발언 능력이 늘어나 스스로 놀라게 될 것이다.

도표 4-3 3가지 기반 기술의 목적과 유의점

목적(의의)	유의점
· 당사자의식, 당사자 능력 · 책임의식, 목표 달성 · 상대방 입장에 선다. · 같은 눈높이에서 생각한다.	· 자신의 문제로 생각하고 임하는 것이 전제조건이다. · 약속은 반드시 지킨다.

· 구조화, 계층화, 상관화, 위치화,
  체계화 등
· 계통화, 피라미드화, 포지셔닝화 등
	· 축을 설정해서 정보를 정리하고
	  체계화한다.

· 특징 설정
· 차별적 우위성
· 본질 추출력, 본질 전달력
· 초점 맞추기와 심화
	· 컨셉은 단순한 개념이 아니다.
	  항상 본질을 단적으로 파악해서
	  전달하는 데 집중한다.

04

3가지 도구를 잘 사용하여
논의는 확실히! 머리 속은 깨끗이!

⠿ 로직트리로 생산성을 높인다!

3가지 도구란 로직트리, 매트릭스, 프로세스를 말한다.

논리적 사고에서 가장 익숙한 도구가 로직트리일 것이다. 회의란
'생각한다, 전달한다, 기록한다'고 하는 생각과 행동의 반복이라고
할 수 있는데, 이 모든 장면에서 사용할 수 있는 것이 바로 로직트
리다.

로직트리에는 여러 종류가 있다. 문제점이나 원인을 정리하고 분
석하기 위한 WHY 트리, 과제를 해결하기 위해 방책을 정리하고
우선순위를 매기는 HOW 트리, 그리고 상단에 설정되어 있는 요소
를 분해하고 전체 구성을 명확히 함으로써 누락이나 중복을 파악하
는 WHAT 트리, 이렇게 3가지다.

그 중에서도 기업의 성숙기에 가장 활용도가 높은 것이 WHY 트

방법	형태	내용
WHAT 트리	큰요소 / 작은요소	위에 위치한 요소를 분해하고 무엇으로 구성되어 있는지 명확히 파악해간다.
WHY 트리	문제 / 원인	문제점의 원인을 정리 분석한다.
HOW 트리	최고 중요과제 / 해결책	문제 해결을 위한 방책을 정리하고 해결해야 할 과제의 우선순위를 매긴다.
과제 트리 (해결책)	최고 중요과제 / 중요 과제 / 작은 과제	최고 중요과제를 중요과제, 작은 과제로 분류해서 해결책을 찾는다.

도표 4-4 주요 로직트리와 활용 목적

리다. WHY 트리는 거꾸로 '왜?' '왜?'를 반복해 가는 사고 과정을 말한다. 도요타에서 '왜?'를 5번 반복하게 하는 것은 WHY 트리를 다섯 계층으로 탐구하는 것이다. WHAT 트리는 '무엇을?' '무엇을?'이라는 요소를 빠짐없이 생각해 가는 것이다.

마지막으로 HOW 트리는 '어떻게?' '어떻게?'라는 연역적인 사고 과정을 밟아가는 것을 말한다. HOW란 제로베이스 사고이자 전략적으로 접근하는 사고이며, 자연히 '나는 어떻게 하고 싶다'라는 주체 의식이 포함되어 있는 사고다.

회의에서 생각할 때, 전달할 때, 기록할 때 등 모든 장면에 맞추어서 로직트리를 의식하기 바란다. 회의 장면마다 최적의 트리를 머리 속에 그리는 것이 포인트다.

여기에서 중요한 것은 회의에 참가하는 모든 사람들에게 공통된 트리가 그려진다는 점이다. 자신만이 아는 트리로는 단순한 독선이 되고 만다. 모두의 머리 속에 똑같은 트리가 그려짐으로써 비로소 논의의 수준이 같아지고 의사결정이 매끄럽게 이루어진다. 따라서 회의 시간이 단축되고 생산성이 올라가게 된다. 그런 의미에서 로직트리는 회의 참석자가 지녀야 할 필수적인 기술이다.(도표 4-4)

⣿ 매트릭스 정리 기술로 의논의 축이 생겨난다

매트릭스란 가로와 세로 2개의 축으로 많은 요소를 정리하고 분석하기 위한 도구다. 회의에서 매트릭스는 주로 정보 정리에 사용되는 경우가 많다.

"지금 나온 얘기를 매트릭스로 정리하면 어떻게 될까?" 이런 발언이 여기저기서 들리는 회의는 정체되어 있지 않다. 혹 회의가 정체될 것 같으면 이 매트릭스를 사용해서 정보를 정리해 볼 것을 권한다. 틀림없이 그 교착 상태에서 벗어날 수 있을 것이다.

매트릭스에서는 축의 설정이 '생명'이라고 해도 과언이 아니다. 가로축에 어떤 요소를 갖게 할 것인지, 세로축에 어떤 요소를 설정할 것인지에 따라 전혀 다르게 나타난다. 그에 따라 당연히 의사결정 또한 다른 결과가 나온다. 축이 생명이라고 말하는 이유가 여기에 있다.

예를 들면 새로운 호텔 건설 계획이 있어서 그 주요 목표를 회의에서 논의한다고 가정해보자. 여기에서 세로축에 가격(높다, 낮다), 가로축에 서비스의 질(높다, 낮다)을 설정한다. 그리고 근처에서 경쟁이 예상되는 타사의 호텔을 매트릭스에 넣어보았다. 결과는 어떤가?

호텔이기 때문에 어느 정도 서비스가 좋은 것은 당연하다. 높은 가격의 사분면에는 유명한 호텔이, 중간에는 일반 호텔이, 그리고 가격이 낮은 데에는 비즈니스 호텔이 그려졌다. 매트릭스를 보고 있던 모든 참석자들, 거기에서 발언이 중지되어버린다. 서비스가 좋으면 가격은 비싸고, 서비스가 나쁘면 가격은 싸다. 이때 모든 사람들의 생각은, '그래서?'이다.

호텔에서 가격과 서비스는 분명 중요한 요소이긴 하지만 그런 흔한 요소를 축에 넣어서는 중요한 것을 얻을 수 없다. 이런 중요한 것이 빠진 매트릭스로는 아무것도 얻을 수 없다. 대부분이 일직선상에 나열되어 아무런 특징도 나타내지 못하기 때문이다.

실제로 매트릭스는 매우 주관적인 사고를 요하는 도구다. 거기에는 정해진 규칙도 없고 자기 마음대로 자유롭게 만들 수 있기 때문이다. 매트릭스를 딱 하나만 만들어서, "대답해 보세요! 뭐가 보입니까?"라며 생각하기를 기다리는 자세나 수동적인 자세로는 답을 얻을 수 없다. 끊임없이 아이디어를 짜내서 매트릭스를 만드는 데

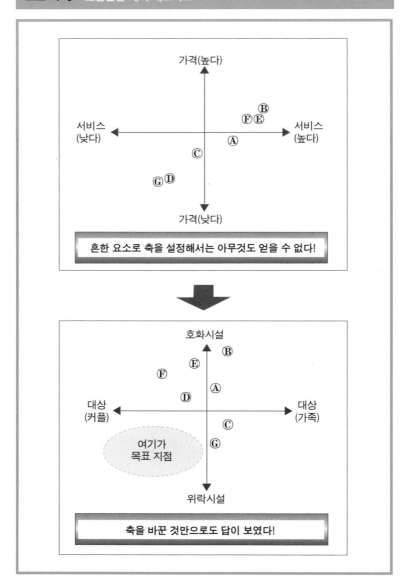

도표 4-5 호텔건설 계획 매트릭스

가격(높다)

서비스
(낮다)

B
F E
A
C
G D

서비스
(높다)

가격(낮다)

흔한 요소로 축을 설정해서는 아무것도 얻을 수 없다!

호화시설

B
E
F
A
D

대상
(커플)

C
G

대상
(가족)

여기가
목표 지점

위락시설

축을 바꾼 것만으로도 답이 보였다!

의미가 있다. 답은 기다린다고 해서 얻어지는 것이 아니다.

스스로 축을 바꾸어 가면서 자기가 주체적으로 답을 찾아보는 것이다. '무엇이 답일까? 알 수 있도록 해 보자!'가 매트릭스의 본질이다. 화이트보드에 써보고, 다시 지우기를 반복하면서 보물찾기가 시작되는 것이다.

그럼 앞의 예를 별도의 축으로 정리하면 어떻게 될까? 도표 4-5의 그림을 보기 바란다. 조금 전까지 일직선상에 그려진 경쟁 호텔은 사분면에 흩어져서 나타났고, 지금까지 커플을 대상으로 위락을 중시했던 호텔이 별로 안 보인다는 것을 알 수 있다.

"그러면 목표를 거기에 맞추어서 구체적으로 위락 시설을 어떻게 만들 것인지 생각해 보자!" 이렇게 해서 회의가 다음 단계로 흘러가게 된다. 매트릭스 축의 요소 설정 하나로 의논의 축이 생겨나고 교착 상태에서 벗어나게 된다.

:: 전체가 아닌 프로세스로 정리해 보자!

프로세스는 문제나 과제를 빠짐없이 밝혀낼 때 사용하는 도구다. 프로세스의 중요한 용도는, '흐름을 알고, 생각하고, 분석한다'에서 나타난다. 회의에서 검토해야 할 내용은 여러 방면에 걸쳐 있다. 막연히 문제나 과제를 정리하려고 하면 혼란만 초래할 뿐이다. 이럴 때 사용되는 것이 프로세스로 구분해서 생각하는 방법이다.

명확하게 시간의 경과를 의식하면서 이 시간축에 따라 업무나 가치의 흐름을 정리하고 분석하는 것이 프로세스 방법이다. 무턱대고 전체를 논의하려고 의욕을 부릴 게 아니라 적절하게 몇 개의 프로세스로 나눈 다음, 중요한 포인트를 빠트리지 않도록 주의하면서 검토해 나간다. 그 대표적인 방법은 다음과 같다.

- 비즈니스 시스템
- 제품 라이프사이클
- 구매행동 프로세스 · 로드맵

마지막에 있는 로드맵이란 직역하면 도로지도를 의미한다. 간단하게 말하면 앞으로 어디로 가고 싶은지, 생각이나 의사를 종이에 도로로 표시하는 것을 가리킨다. 사업 로드맵, 개발 로드맵, 상품 로드맵 등 다양한 종류의 로드맵이 있고, 일반적으로 가로축인 X축과 세로축인 Y축에 시간 개념을 더해 곡선 모양의 3번째 축으로 비스듬히 교차시킨다.

여기에서 소개한 것은 어디까지나 대표적인 프로세스 방법이고 이것이 전부는 아니다. 회의에서 논의해야 할 주제가 다방면으로 흩어져 논의가 벽에 부딪쳤을 때는 꼭 프로세스라는 도구를 생각하기 바란다. 프로세스로 잘라서 생각함으로써 전체의 흐름이 정리되고, 세분화된 프로세스마다 더욱 활발한 논의가 가능하게 된다.

전체를 파악한 상태에서 빠트림 없이 부분을 생각하는 것이 프로

도표 4-3 3가지 기반 기술의 목적과 유의점

	목적(의의)	유의점
로직트리	· 나무 모양(트리) · 분석 · 연역적 발상 · 전체 파악	· 빠짐없이, 중복되지 않게! · 차원을 계층마다 맞춘다.
매트릭스	· 상관도 · 2개 축으로 정리해서 표시 · 세분화, 분류화 · 객관적 위치 파악	· 축의 설정이 생명. · 축의 설정 하나로 해답이 바뀐다.
프로세스	· 시時계열로 정리 · 흐름 정리 · 단계별 정리 · 가치사슬	· 전체 구도(흐름)를 크게 나누어서 생각한다. · 너무 잘게 세분하지 않도록 한다.

세스다. '나무는 보고 숲을 보지 못한다'가 아니라 '나무도 보고 숲도 본다'가 프로세스다.(도표 4-6)

논리적 사고의 구체적 활용법

:: 회의 형태별 논리적 사고 활용법

이제부터는 지금까지 서술한 내용을 복습하고 회의에서 논리적 사고의 구체적인 활용법을 '회의 형태'와 '회의에서의 역할'이라는 2가지 측면에서 생각해보기로 하겠다.

그 전에 반드시 언급하고 싶은 것이 하나 있다. 지금 시중에는 논리적 사고에 관한 서적이나 잡지가 많이 나돌고 있다. 그렇지만 유감스럽게도 일상 업무나 회의에서 논리적 사고가 잘 활용되고 있는지는 의문을 갖지 않을 수 없다. 여기에는 다음과 같은 이유를 생각할 수 있다.

대다수 기업에서는 논리적 사고 이전의 문제는 제쳐둔 채 논리적 사고를 사내에 뿌리내리려 하고 있다. 논리적 사고 이전의 문제란 '용어의 통일과 정의의 명확화'다.

지금 당신 앞에 있는 '중기 경영전략' '판매전략' 등 사내 리포트를 다시 한 번 읽어보길 바란다.

"고객만족 경영을 강화하고…." "아이디어 제안으로 영업을 철저히…." "대리점에 대한 지원 기능을 확충해서…."

도대체 강화라니? 어떻게?, 철저하게? 어느 정도?, 확충이라니? 무엇을 어떻게? 모호한 표현의 연속이다.

이기기 위해서 전략은 항상 명확한 특징을 갖고 있어야 한다. 명확해야 할 전략을 모호한 채로 실천해야 하는 현장 사람들에게는 이건 정말 보통 일이 아니다.

회의는 이념, 비전, 전략 등 기업(조직)의 의사나 의지를 개인에 전달하는 장場이고, 반대로 개인의 의사나 의지를 기업(조직)으로 승화시키는 장이기도 하다. 회의는 조직과 개인의 의사나 의지를 연결시키는 장이다. 회의에서 모호한 표현이 쓰여서는 중요한 단계로의 전환이 이루어질 수 없다. 용어를 통일하고 정의를 명확히 하는 것은 논리적 사고를 사내에 뿌리를 내리게 하기 위한 대전제임을 잊어서는 안 된다.

화제를 원점으로 되돌려서, 먼저 회의 형태별로 9가지 논리적 사고 중에서 어느 것을 활용해야 할지에 대해 정리해 보자. 3개의 카테고리로 분류해서 회의별로 살펴보자.

- 브레인스토밍형 회의 : 참석자 모두 아이디어나 의견을 내놓는 회의
- 문제해결형 회의 : 문제가 무엇인가의 정의부터 시작해서 구체적인 해결책에 이르기까지 검토해가는 회의
- 의사결정형 회의 : 회의의 최종 형태. 그래서 결국 어떻게 할 것인지를 결정하는 회의

그럼 다음 매트릭스(도표 4-7)를 보길 바란다. 위의 회의 형태에서 주로 어떤 항목(사고법, 기술, 도구)이 필요한지에 대해 정리한 것이다. 이 매트릭스에서 알 수 있는 것은 다음과 같다.

- 커미트먼트는 어느 회의 형태에서나 필요하다.
- 브레인스토밍형 회의에서는 틀에 얽매이지 않는 자유로운 발상이 요구된다.
- 문제해결형 회의에서는 전체 모습을 파악할 수 있는 능력이 필요하다. 또한 도구를 구사할 수 있는 능력도 요구된다.
- 의사결정형 회의에서는 유연한 머리와 최대한의 당사자의식이 요구된다.
- 여러 선택 사항 가운데에서 의사결정은 본질적 사고로!

자신이 참석하는 회의에서 어떠한 능력을 발휘해야 할까? 어떠

도표 4-7	회의 형태별 논리적 사고 활용법			

● 필수   ◎ 특히 필요

		브레인스토밍형 회의	문제해결형 회의	의사결정형 회의
사고법	제로베이스 사고	●		◎
	프레임워크 사고		◎	
	옵션 사고			●
기술	커미트먼트	●	●	●
	스트럭처		◎	
	컨셉	◎		◎
도구	로직트리		◎	
	매트릭스		◎	
	프로세스		◎	

한 능력을 발휘함으로써 회의의 생산성이 올라갈 수 있을지를 항상
의식하자. 회의 참석자 모두의 능력이 하나로 통합되었을 때, 회의
는 독특한 역동성이 생겨난다. 회의의 생산성이 비약적으로 높아지
는 순간이다.

회의에서의 역할별 논리적 사고의 활용법

계속해서 회의에서의 역할에 따라 주로 어떤 항목이 요구되는지
정리해 보자. 회의의 구성원은 크게 4가지 형태로 분류할 수 있다.

- 사회자
- 구성원
- 커뮤니케이터(서기)
- 상담역(참관인)

그럼 다음 매트릭스(도표 4-8)를 보길 바란다. 여기에서의 포인트는 4가지다.

- 커미트먼트나 로직트리는 참석자 전원에게 필수 사항이다.
- 사회자나 구성원에게 요구되는 항목은 매우 유사하다. 따라서 사회자는 구성원과 동등한 수준의 사람을 선발해야 한다.
- 실제로 커뮤니케이터는 매우 중요하다. 커뮤니케이터의 기량이 회의의 생산성을 좌우한다.
- 상담역에게는 본질 파악 능력과 옵션 사고가 요구된다.

회의에서의 역할에 맞추어 이 9가지 항목을 잘 구분해서 사용할 수 있게 되면 만사형통이다. 이런 특징들을 근거로 해서 참석자를 선정하면 결과적으로 회의의 생산성 향상으로 연결될 것이다.

이 장에서는 회의중 또는 회의 후의 구체적인 장면에 9가지의 논리적 사고를 어떻게 활용해야 좋을지 살펴보았다. 그러나 사소한 데에 신경 쓰느라 전체를 놓치는 일이 없기를 바란다. 논리적 사고

도표 4-8 회의에서의 역할별 논리적 사고의 구체적 활용법

● 필수　◎ 특히 필요

		사회자	구성원	커뮤니케이터 (서기)	상담역 (참관인)
사고법	제로베이스 사고		◎		◎
	프레임워크 사고	◎		◎	
	옵션 사고		●		◎
기술	커미트먼트	●	●	●	●
	스트럭처	◎		◎	◎
	컨셉	◎	◎	◎	●
도구	로직트리	●	●	●	●
	매트릭스	●			●
	프로세스	◎		◎	

는 사상이지 기술이 아니다.

　논리적 사고를 단순한 기술이라고 파악했다면 '회의 개선' '회의 혁신'밖에 달성할 수 없을 것이다. 논리적 사고의 본질이 정확히 파악되고 회의에서 실제로 활용되었을 때, 회의가 바뀌고 의사결정이 바뀌고 행동도 바뀌고 결국 회사가 바뀐다.

　즉 경영 혁신이 실현된다!

5

프레젠테이션
노하우로 회의에
활력을!

01

순간의 한 마디에 본질이 들어 있다

∷ 의미 없는 발언은 회의의 적!

일반적인 기업의 회의에는 쓸데없는 발언이 넘쳐난다. 논의하고 있는 주제와 전혀 상관없는 발언을 하거나 다른 사람의 의견을 요약하여 다시 되풀이하거나 반대로 다른 사람의 의견에 반대만 하는 등 쓸데없는 발언이 총출동한다. 결국 회의는 결론을 맺지 못하고 끝나고 만다.

회의는 그 기업의 경영을 반영하는 거울이다. 회의에서 의미 없는 발언으로 시간만 허비한다는 사실에 무신경한 기업은 스피드 경영, 전략 경영과는 상당히 거리가 멀다.

회의에서의 발언은 발언자 자신의 프레젠테이션이기도 하다. 즉 자신의 '존재감'을 전달하는 것으로써 발표자의 가치관, 사상, 정책이 나타난다. 회의는 이런 개개인의 존재감이 마주하는 장場이다. 의견이 통합되기도 하고 때로는 충돌하며 새로운 가치관을 창출해 나가는 과정이다. 그래서 진정한 승부의 장이다.

언제, 무엇을 위해, 어떤 발언을 할지, 거기에 자신의 생각이 들어 있는지, 상대에게 감명을 줄 수 있는지를 염두에 두어야 한다. 참석자 한 사람 한 사람이 자신의 한 마디에 책임감을 느끼지 않으면 안 된다. 하지만 지금 당신은 그러한 마음가짐으로 회의에 참석하고 있는가?

도요토미 히데요시의 침략을 눈치 챈 호죠 우지나오가 도요토미 군을 칠 전략을 세우기 위해 오다와라 성에서 전략 회의를 열었다. 정보도 부족한 데다가 모두가 위험을 두려워하여 건설적인 발언을 피했다. 회의는 질질 지연되다가 결국 결론을 내지 못하고 문제는 보류된 채 회의는 끝나고 말았다. 여기에서 유래하여 책임질 발언은 피하고 제자리걸음만 하는 회의를 '오다와라효죠小田原評定'라고 한다. 일본 기업의 DNA 밑바닥에는 책임의 분산화, 문제 해결을 미루는 유전자가 뿌리내리고 있다. 기업을 봐도 정치를 봐도 다 그렇다. 어느 대기업의 신규 사업 담당부장의 한탄이다.

"우리 회사에서는 회의가 정말로 필요할 때는 회의실이 아닌 현장에서 미팅을 갖습니다. 정식으로 회의를 하려고 하면 '저 부장은 부르면서 어째서 나는 부르지 않는 거야?'라는 불평 때문에 이 사람 저 사람을 부르다 보면 인원이 늘어나서 제대로 회의를 할 수 없습니다."

그런 불평을 하는 사람들에게 회의란 자신의 권력을 과시하는 도구에 지나지 않는다. 회의가 참석자 자신의 존재감을 과시하는 장소가 되어버린 대기업, 회의에서 하는 자신의 발언이 존재감 자체라는 사실을 인식하지 못하는 정치가, 기업가가 부지기수다. 회의는 참가하는 것에 의의가 있는 것이 아니다.

회의 참석자 각자의 책임감 실린 발언과 문제의 본질 파악만이 회의를 활성화시키는 열쇠다.

∷ 상대의 마음을 잡는 것은 혼이 담긴 말뿐!

사람이 하는 말에는 혼이 깃들어 있다. 혼이 담긴 말만이 상대방을 이해시키고 감동시킬 수 있다.

한 나라의 대표가 되면 국민 앞에 나서서 자신의 생각이나 정책을 발표하는 취임 연설을 한다. 자신의 혼을 담아야 하는 이 연설에서 일본의 수상과 미국 대통령은 각각 어떤 말을 했을까?

2001년 1월 20일에 열린 부시 미국 대통령의 취임 연설은 인터넷을 통해 전 세계에 중계되었다. 부시 대통령은 취임 연설에서 미국인의 정신에 호소했다. 한 마디로 "We are American!" 미국 국민들에게 미국인으로서의 긍지를 환기시키고자 하는 연설이었다.

고이즈미 수상은 연설에서 몇 개의 키워드를 사용했다. '구조 개혁이 없으면 경기회복도 없다' '성역 없는 구조 개혁' '쌀 백 가마니의 정신' 등이다. 이 키워드가 적어도 그 당시에는 먹혀들었다.

'뭔가 변화하는구나!'하고 일본 국민들의 머리 속에 키워드 자체가 쏙쏙 들어갔다. 개념이 명확한 이 키워드들은 본질이 응축된 말이라고 할 수 있다. 이처럼 본질을 꿰뚫은 말은 상대방에게 쉽게 전달되며 쉽게 이해된다.

말은 지도자의 생명이다. 어떠한 발언을 하는가를 보면 그 사람의 본질을 알 수 있다. 소니의 이데이 회장은 두 사람의 스피치 라이터와 계약을 맺고 있다고 한다. 그 중 한 사람은 아르헨티나와 스페인의 대통령 후보에게 조언을 했던 인물로 스피치의 달인이다.

그들의 조언을 받으면서 누구에게, 어떤 내용을 말하는 것이 효과적인가를 파악하여 스피치 내용을 정한다. 자신이 스피치를 못해서가 아니라 하고자 하는 말을 다른 여과장치를 거쳐 검증받기 위해서다. 말에는 혼이 깃들어 있다는 사실에 충실한 것이다.

이데이 회장은 무언가를 발언할 때, 듣는 사람이 쉽게 기억할 수 있는 키워드를 항상 준비한다. 상대방에게 메시지를 확실하게 전달하기 위해서 키워드를 여러 번 반복하여 사용한다. 이는 자신의 발언에 긴장감과 책임을 가져야 하는 최고경영자에게만 국한된 것은 아니다.

회의에서는 모든 참석자들에게 본질을 꿰뚫은 발언이 요구된다. 군더더기 없는 발언, 핵심 발언만이 필요하다. 그런 회의실에는 긴장감이 넘친다. '긴장감'이 없는 발언에 본질이 있을 리 없다.

핵심 발언에는 단 한마디로도 회의의 흐름을 변화시키는 힘이 있다. 단 한마디 말이 가지는 마력이다.

∷ 본질을 잡아내는 힘을 평소부터 기르자

회의는 발언의 캐치볼이다. 그것도 상대가 어떤 볼을 던질지 모른다. 미리 발언을 준비해두는 것은 불가능하다. 상대가 갑자기 던진 볼에 대해 순간순간 본질을 응축하여 되받아 던지지 않으면 안된다. 그것은 결코 쉬운 일이 아니다. 나름대로의 훈련이 필요하다.

미국의 다국적 컨설팅 전문회사인 맥킨지의 일본 지사장을 퇴직하고 컨설턴트로 활약하고 있는 오마에 겐이치는 1998년 10월부터 스카이퍼펙 TV에서 〈비즈니스 브레이크스루Business Breakthrough〉라는 비즈니스맨을 상대로 하는 채널을 운영하고 있다.

그 채널에서는 방송중에도 시청자들이 인터넷을 통해 오마에 앞으로 계속 질문을 하고, 오마에는 바로바로 정확하게 대답한다. 그것도 자료나 사례를 섞어가면서 구체적으로 설명한다. 이것이야말로 질문의 본질을 잡아내는 힘이 없다면 불가능한 일이다.

오마에는 평소에 문제의 본질을 생각하는 습관을 기르도록 노력한다고 그의 저서에서 밝힌 적이 있다. 본질을 잡아내는 힘은 하루아침에 생기지 않는다. 게다가 그 능력은 사용하지 않으면 녹슬어버리는 속성을 가지고 있다.(도표 5-1)

본질을 잡아내기 위해 해야 할 일이 3가지 있다.

첫째, 주어진 정보를 자신의 필터로 걸러서 정리하고 다시 생각해 보는 것이다. 정보는 여기저기 넘쳐나고 있다. 신문, TV, 잡지, 인터넷 등 우리들은 많은 정보의 바다에 빠져 있다. 하지만 많은 정보를 가지고 있는 것만으로 본질을 잡아내는 힘은 길러지지 않는다.

신문이나 잡지에서 얻는 정보를 그대로 받아들여서는 단순히 남의 지식을 그대로 받아들이는 것에 지나지 않는다. 미디어가 주는 정보를 보고 '정말로 그럴까?' 'why?' 'why?'라고 자신에게 끊임없이 물어본다. 그것을 반복함으로써 자신만의 관점을 갖게 된다.

마츠시타 전기산업의 창업자인 마츠시타 고노스케는 문제의 본질을 파악하기 위해 담당자를 3명 정도 불러서 '어째서?' '왜?'를 반복해 질문했다고 한다. 스스로 이해하기 전까지는 결코 타협하지 않는 본질 추구의 정신이 그곳에 있다.

둘째, 업계의 상식, 회사 내의 상식, 세상의 가치관 등 고정관념과 기존의 사고방식을 버리고 원점에서 사물을 보는 것이다. 논리적 제로베이스 사고다. 지금까지의 개념 자체가 본질에서 벗어난 일이 상당히 많았다. 상사의 지시라도 본질에서 벗어난 일이 예나 지금이나 많다.

자신에게 본질을 잡아내는 힘이 있다면 기업윤리를 의심받거나 소비자를 업신여기는 등의 불상사는 일어나지 않을 것이다. '사장이 시킨 일이라서….' '모든 업계가 그렇게 하니까….' 이러한 변명들은 본질이 될 수 없다. 자사의 임무, 존재의의를 다시 되돌아본다면 무엇이 본질인지 보일 것이다.

마지막은 가장 중요한 것으로, 우선 상대가 무슨 생각을 하는가, 무엇을 말하고 싶어 하는가에 의식을 집중하는 것이다. 이것 역시

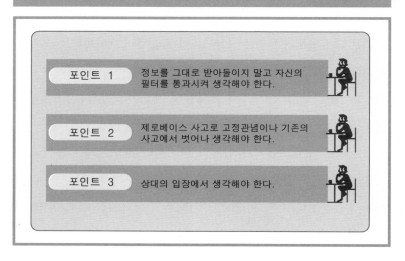

도표 5-1 본질을 잡아내기 위한 3가지 포인트

포인트 1	정보를 그대로 받아들이지 말고 자신의 필터를 통과시켜 생각해야 한다.
포인트 2	제로베이스 사고로 고정관념이나 기존의 사고에서 벗어나 생각해야 한다.
포인트 3	상대의 입장에서 생각해야 한다.

논리적 사고의 기술인 '커미트먼트'다. 상대는 저렇게 말하고 있지만 문제의 본질은 무엇일까, 진정으로 하고자 하는 말은 무엇일까···. 이것을 이해하지 못하면 나 자신도 본질을 빗나간 발언을 할 수밖에 없다. 상대방도 자신의 발언에 모든 신경을 집중시켜 듣지 않으면 서로 빗나간 발언만 되풀이하게 되어 결국 회의는 엉뚱한 방향으로 흘러가버린다.

회의는 긴장된 커뮤니케이션의 연속이라는 사실을 명심하자.

02

3가지 기술로 "과연!"이 연발되는 회의를 연출한다

∷ 사람은 다른 사람의 말을 듣지 않는다

닛산의 카를로스 곤은 명쾌한 발언으로 유명하다. 그는 "사람은 3일만 지나면 들었던 이야기를 잊어버린다. 남는 것은 한마디로 압축된 키워드나 이야기한 사람의 열의와 태도 정도다"라고 말한다.

회의장에서 모든 참석자가 자신의 발언을 듣고 있고 이해할 거라고 생각한다면 큰 오산이다. '사람은 다른 사람의 말을 듣지 않는다.' 이것은 비즈니스 커뮤니케이션의 대전제다. '조금 전에 설명했는데…' '왜 같은 질문을 몇 번이나 하는 거야'라고 개탄해도 소용이 없다.

상대는 자신이 생각하는 만큼 주의해서 들어주지 않는다. 하물며 이해를 했는지의 여부는 의심스럽기 그지없다. 참석자들은 일단은 신중한 얼굴을 하고 회의실에 앉아 있기는 하지만 머리 속은 딴 생각으로 가득한 경우가 많다.

회의장에서 상대가 알기 쉽도록 전달하고 이해시키기 위해서는 전달하는 사람에게도 기술이 필요하다. 단, 반드시 발언의 길이와 상대의 이해도가 반드시 정비례한다고는 할 수 없다. 단 한마디로 상대의 마음을 강하게 흔드는 일도 있다. 어떤 화술로, 어떤 내용이라면 상대방이 쉽게 이해할까를 순식간에 파악하는 능력이 필요하다. 얼마만큼 전달할 수 있는가, 얼마만큼 이해시킬 수 있는가가 회의의 관건이다.

⠿ 3가지 기술로 만들어지는 회의의 골든 파워

회의에서 필요한 프레젠테이션 기술은 크게 다음 3가지다.

- ● 기술1 : 존재감
- ● 기술2 : 시나리오 기술
- ● 기술3 : 의사전달 기술

첫째, 존재감. 이것이 강한 사람은 그곳에 가만히 있는 것만으로도 주변에 영향력을 미친다. 프레젠테이션의 3가지 기술 중에서 존재감은 그 사람 자체를 나타내는 것이므로 가장 얻기 어려운 기술이다. 존재감은 상대에게 공포나 경외심을 갖게 하는 것이 아니라

도표 5-2 회의에서 필요한 프레젠테이션 기술 체계

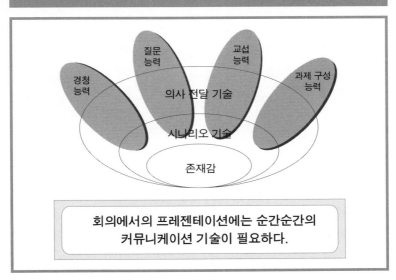

질문
능력

교섭
능력

경청
능력

의사 전달 기술

과제 구성
능력

시나리오 기술

존재감

회의에서의 프레젠테이션에는 순간순간의
커뮤니케이션 기술이 필요하다.

존경의 마음을 갖게 하는 것이다. 존재감은 그 사람의 삶 자체다.

둘째, 시나리오 기술. 이것은 자신이 말하고자 하는 내용을 되도록 쉽게 정리하는 기술이며, 크게는 회의 전체의 시나리오도 작성할 수 있는 기술이다. 회의는 살아 숨쉬는 것이다. 활발한 의견 교환이 이루어지는 회의라면 더욱 회의실의 공기가 빠르게 움직인다. 그 속에서 정확하게 자신의 의견을 내세우려면 자신의 발언과 회의의 흐름, 양쪽의 시나리오를 고려하면서 발언해야 한다.

그리고 셋째, 의사전달 기술. 이 기술은 자신이 말하고자 하는 내용을 가능한 이해하기 쉽도록 전달하는 기술이다. 존재감이 있고 시나리오가 튼튼해도 전달할 힘이 없다면 상대방에게 전해지지

않는다. 의사전달 기술이 부족해서는 논의 자체가 이루어지지 않는다.

이들 3가지 프레젠테이션 기술을 기초로 하여 경청 능력, 질문 능력, 토론 기술 등의 커뮤니케이션 기술이 만들어진다.(도표 5-2)

회의는 친목 도모를 위한 모임이 아니다. 의욕과 기술을 가진 사람들이 특정 목적을 위해 논의함으로써 생생한 활력과 새로운 가치가 창조되는 것이다.

✦✦ 회의는 존재감을 측정할 수 있는 승부의 장이다

2003년 1월에 타계한 영화감독 후카사쿠 킨지. 1973년의 〈의리 없는 전쟁〉을 비롯하여 최근 개봉된 〈배틀로얄〉 등 많은 화제작을 만들었다. 그가 현장에 나타나면 현장에는 긴장된 분위기가 흐르고 모든 스태프들도 잔뜩 긴장했다고 한다. 어느 배우가 "후카사쿠 감독님은 현장에서는 귀신 같았다"라고 말했듯이 목숨을 걸고 영화에 몰입하는 후카사쿠 감독의 의지가 현장에 넘쳐흘렀음을 알 수 있다.

강한 의지를 가지고 하나의 일을 이루려는 사람에게서는 눈에 보이지 않는 기氣가 흘러나오고 주변 사람들을 압도한다. 1991년부터 2000년까지 국제연합 난민고등판무관을 역임한 오가타 사다코는 '사람의 목숨을 구한다'는 사명감을 가지고 어떠한 위험도 감수하며 분쟁국을 찾아다녔다. 그 강한 의지가 대규모의 국제회의를 이끌 정도로 그녀의 존재감을 지지해주었다.

존재감이 하루아침에 만들어지지 않는 것은 정신적인 면을 반영하기 때문이다. 그리고 정신적인 존재감은 그 사람의 존재감이 진짜인가를 판단하는 기준이 된다. 겉보기에는 박력이 있지만 속으로는 아무 생각도 없는 사람, 그런 경우의 존재감은 금방 본색이 드러나게 된다.

정신적인 존재감은 평소의 노력이 중요하다. 지금 세상에서 압도적인 존재감을 가지고 있는 유능한 기업 대표, 정치가 등의 지도자들은 태어나면서부터 존재감을 가지고 태어나는 것이 아니다. 모두 스스로의 노력으로 길러온 능력이다.

무대에 서는 코미디언의 경우, 관객은 30초 내에 재미있는지 재미없는지의 여부를 판단하기 때문에 30초 내에 관객의 마음을 사로잡는 것이 승부의 관건이라고 한다.

각각의 말에는 혼이 깃들어 있다. 회의에서 하는 당신의 발언에 당신의 혼이 깃들어 있는가? 당신은 회의 참석자들로부터 '그 사람이 참석한다면 이 회의는 성공적이야!'라는 기대를 받고 있는가?

▪▪ 의사전달에 문제가 있다면 시나리오를 검토한다

둘째 기술은 시나리오 기술이다. 진정한 존재감을 갖는 일은 하루아침에 이루어지지 않는다. 진정한 존재감을 갖고 싶다면 우선 시나리오 기술을 향상시킨다. 존재감은 간단히 얻을 수 없지만 시나리오 기술은 어느 정도 노력하면 향상된다.

'사람은 다른 사람의 말을 듣지 않는다.' 그렇기 때문에 어려운 설명보다는 이해하기 쉽게 시나리오를 작성해서 전달할 필요가 있다. 회의 참석자들이 논의할 주제에 대해 비슷한 수준의 지식을 갖고 있다고는 할 수 없다. 높은 문제의식과 목적의식을 갖고 있는 사람이 있는가 하면, 참가의식은 강하지만 지식 수준이 낮은 참석자도 있을 수 있다.

일방통행의 프레젠테이션인 경우, 자신이 말하고자 하는 내용에 관해서만 논리적으로 설명하는 자기완결형 시나리오 기술도 상관없다. 하지만 토론형 회의장에서는 그럴 수 없다. 자신의 발언 한 마디 한 마디에도 논리가 필요하며 다른 사람의 발언도 포함하여 회의의 전체 흐름도 확실히 파악해야 한다. 그래야 자신의 발언에 의미가 부여되는 것이다.

논리성과 구체성, 이것이 프레젠테이션의 시나리오를 구성하는 열쇠다. 사람들은 시나리오가 엉성한 두서없는 이야기를 듣게 되면 길 잃은 아이처럼 되어버린다. 일단 미아가 되어버리면 더 이상 이야기를 들으려고 하지 않는다. '어째서 내 뜻이 전달되지 않지?'라는 생각이 들 때는 우선 시나리오를 검토해보자.

▪▪ 남에게 들려주기 위한 의사전달 기술을 기른다

정해진 시간 동안 프레젠테이션을 통해 자신의 생각을 발표하는 의사전달 기술과 회의에서의 의사전달 기술은 다르다.

프레젠테이션의 경우, 본질에서 너무 벗어난 발언을 하지 않는 한 일반적으로는 "잠깐! 무슨 말이지!" 하며 갑자기 제지를 당하는 일은 없다(세븐일레븐 재팬이나 HR 인스티튜트 같은 경우는 그렇지도 않지만…).

그러나 회의의 경우, 아직 자신이 말하고 있는데도 불구하고 누군가에게 발언의 주도권을 뺏기는 일도 종종 있으며 야유를 받을 때도 있다. 질문에 대해서도 동문서답하는 경우도 있다.

다방면에서 활약하는 사람들이 모여 정치나 경제 문제에 대해 토론하는 아사히 TV의 〈아침까지 생방송〉에서는 두 사람의 출연자가 갑자기 일어서서 동시에 자신의 의견을 외치는 일도 자주 있고 중복되는 발언이 많아서 발언 중지를 당하는 경우도 종종 있다.

회의는 기본적으로 참석자들이 같은 목적을 향해, 같은 문제의식을 가지고 논의해 나가는 것이 이상적이다. 그래야만 건설적인 의견이 많이 나오고 그 자리에서 의사결정이 이루어진다.

하지만 모든 회의가 같은 생각이나 지식, 경험을 가진 사람들이 모여서 하는 것이 아니기 때문에 서로 의견충돌이 일어나는 것은 당연한 일이다.

그렇기 때문에 더욱 상대의 관심을 이끌어 내서 자신의 생각이나 발언에 집중하게 만들고 싶어진다. 따라서 진정한 승부의 장인 회의실에서 살아남기 위해 의사전달 기술을 기르는 것이다.

03

회의장을 압도하는
존재감을 기른다

∷ 진정한 존재감과 거짓 존재감

회의장에서 다른 참석자들을 큰 소리로 호통치는 홋카이도 출신의 정치가가 있었다. 그 모습은 여러 번 TV를 통해 방송되었다. 어쩐 일인지 관료들도 설설 기면서 그 정치가에게 경의를 표했으며 그림자 장관으로 통했다. 그러나 그 정치가가 체포되자 평소 그를 따르던 측근자들은 손바닥 뒤집듯이 태도를 바꿨다. 그는 이미 두려운 존재가 아니었으므로 사람들은 사소한 일들까지 폭로하기 시작했다.

그에게는 진정한 존재감이 있었을까? 회의에서 자신의 주장을 관철시키는 데에는 나름의 능력이 있었을지 모르지만 그것은 존재감과는 다른 것이다. 그것은 단지 협박에 지나지 않으며 무력으로는 사람을 감동시킬 수 없다는 명백한 증거다.

존재감이란 무엇일까? "저는 도쿄 대를 졸업했습니다." "저는 ○○ 회사 사장입니다." 이런 것들은 진정한 존재감이 될 수 없다. 단지 경력이라는 존재감의 표면에 불과하다.

존재감은 누구라도 가질 수 있다. 전업주부나 야채장사를 하는 사람 중에서도 강한 존재감을 발산하는 사람이 있다. 자신에게 정직하고 자신이 믿는 길을 한눈팔지 않고 가는 사람들, 그들에게 학력이나 경력은 관계가 없다. 존재감은 우선 자신을 아는 것에서 출발한다. 흔들림 없는 자기의지를 갖는 것. 무엇이 옳고, 무엇이 그른지 자신의 기준을 확실히 갖는 것이다.

2002년 가을, 오카야마 현에서 있었던 고교 축구 결승전. 시합은 미즈시마 공업학교 대 사쿠요 고등학교였다. 연장전 전반 3분에 사쿠요의 공격수가 미즈시마의 골문을 두드렸다. 골대를 직격한 공은 골대를 맞고 튀어나왔다가 힘들게 골인으로 연결됐다. 당연히 이 시점에서 사쿠요의 우승은 결정됐었다. 하지만 주심의 오심으로 결국 골로 인정되지 못하고 우승은 미즈시마에게 돌아갔다. 사쿠요의 항의에 심판진은 자신들의 오심을 인정했지만 이미 내려진 판정을 뒤집을 수는 없었다. 결국 미즈시마 공업학교가 전국축구대회 출전 티켓을 거머쥐게 되었다.

그런데 미즈시마 공업학교의 교장, 감독, 누구도 전국대회 출전 티켓을 반납하려 하지 않았다. 그러자 에이스 공격수인 등번호 11번 선수 혼자 축구부를 떠났다. '그것은 분명한 오심이었다. 오심으로 이겨서 전국대회에 나가는 것이 무슨 의미가 있겠는가?'라고 그는 자신의 양심에 물었다. 아무리 설득해도 소용없었고 그는 스포츠맨으로서, 아니 그보다 인간으로서의 자신의 가치기준을 굽히지 않았다.

그는 앞으로도 진정한 존재감을 키워나갈 것이다. 존재감의 씨앗은 누구에게나 주어졌다. 그것을 키우느냐, 그냥 죽이느냐는 그 사람 자신만이 결정할 문제다.

⠿ 경영의 귀재, 기업에 있어서의 존재감

자사의 이익만을 생각하고 자신의 입장을 지키기 위해 소비자를 속이는 경영자가 있다. 식품 제조업자들의 식품 표시 위조나 약품 제조업자들에 의한 약품 피해 등, '고객은 왕!'이라고 외치면서 하는 짓은 정반대다.

기업에는 귀재鬼才라고 말할 수 있는, 가치관과 사회관을 겸비한 경영자가 있다. 21세기에 요구되는 리더들이다. 성실함과 명확한 비전을 가지고 사원 개개인의 능력을 발굴하여 이끌어가는 최고경영자도 있다. 그런 사람들을 경영의 귀재Corporate Mystique라고 부른다. mystique는 신비감, 신비의 기술이라는 뜻이다. 비즈니스 세계에서 경영의 귀재라고 불리는 사람들에게는 확고한 존재감이 있다.

혼다의 혼다 소이치로, 소니의 이부카 마사루, 야마토 운수의 오구라 마사오 등이 그들이다. 이들은 자신의 명예나 이익을 위해 차를 만들거나 택배라는 시스템을 만든 것이 아니다. 단지 자신의 일에 사명감을 가지고 세상에 그 존재의의를 만들어 낸 것이다. 경영의 귀재의 존재 여부는 기업 규모나 업종에 관계없다. 존재하는 곳에 존재한다.

테르모는 1921년에 우수한 체온계의 국산화를 목표로 하여 설립된 의료기 전문 생산 기업이다. 가나가와 현 나카이에 위치한 테르모의 쇼난 센터 근처에는 20명 정도의 환자가 입원해 있는 호스피스가 있다. 후지 산이 바라보이는 곳으로, 호스피스가 위치하기에 최적의 장소다.

어느 날 테르모의 와치 사장이 이 호스피스를 방문했다. 문득 창밖을 보니, 환자들이 후지 산을 바라볼 때 쇼난 센터 건물이 방해가 되는 것을 알게 되었다. 테르모가 호스피스보다 먼저 세워졌기 때문에 어쩔 수 없는 일이었지만 와치 사장은 환자들을 위해 무언가를 하고 싶었다. 그래서 매년 크리스마스에는 쇼난 센터 건물을 이용해서 조명 쇼를 연출했고 성대한 불꽃놀이도 하였다. 환자들이 기뻐하는 것은 말할 필요도 없었다.

테르모 홈페이지에는 '사람을 생각하는 의료를 꿈꾸며'라는 사장의 메시지가 실려 있다. 자사의 기술은 환자를 위해 존재한다는 강한 메시지다. 이는 단지 테르모가 의료 관련 기업이라서가 아니다. 사장의 가치관, 성실성, 타사에 대한 배려 등이 기업 속에 살아 있음을 알 수 있다. 여기에도 한 사람의 경영의 귀재가 존재한다.

경영의 귀재들의 특징은,

> ● **명확한 임무와 비전을 가지고 있다.**
>
> ● **겉과 속이 다르지 않다.**
>
> ● **공평 · 공정하다.**
>
> ● **상대방의 주체성을 이끌어낸다.**
>
> ● **발전에 대한 욕심을 가지고 있다.**
>
> ● **유머가 있다.**

'경영의 귀재'의 존재감이 그 기업의 존재감이다.

:: 회의에서의 존재감을 어떻게 키울까?

회의장은 존재감이 드러나는 곳이다. 그곳에서 자신의 가치관이 평가된다. 자신의 내면에 존재감을 가지고 있지 않은 사람은 그럴 듯하게 겉모양을 포장해도 회의에서 존재감을 발산하지 못한다.

회의에서의 존재감을 높이려면 '경영의 귀재'의 특징을 갖추는 것은 물론이고, 거기에다 문제의식, 위기의식, 당사자의식의 3가지 의식을 갖추는 것이 중요하다.(도표 5-3)

문제의식을 가지고 있는 사람은 평소에 정보 수집을 게을리하지 않아 항상 자신 안에 새로운 정보가 가득 차 있으며 객관적으로 목표와 현실의 차이를 파악하고 있는 사람이다. 문제의식이 없으면

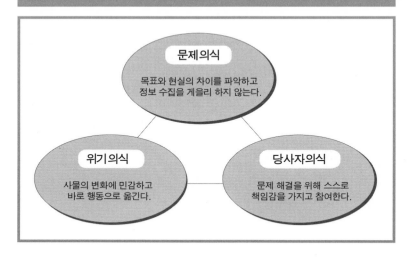

도표 5-3 회의에서 존재감을 높이는 3가지 의식

문제의식
목표와 현실의 차이를 파악하고
정보 수집을 게을리 하지 않는다.

위기의식
사물의 변화에 민감하고
바로 행동으로 옮긴다.

당사자의식
문제 해결을 위해 스스로
책임감을 가지고 참여한다.

같은 상황을 봐도 아무 생각도 없으며 단지 자기 앞을 그냥 지나가
는 상황일 뿐이다.

위기의식은 사물의 변화에 민감하게 반응하는 의식이다. 어떤 상
태가 계속되고 있으면 뭔가 일이 일어나겠구나 하고 위기 상황을
예측하는 것이다. 위기의식이 희박하면 위기 그 자체를 느끼지 못
하거나 자신만은 괜찮겠지 하고 생각하거나 해결을 뒤로 미루게 된
다. 문제를 철저하게 논의하여 의사결정을 내리고 바로 행동을 취
할 수 있느냐 없느냐가 승부를 결정짓는 열쇠다.

마지막으로 당사자의식. 당사자의식이 희박하면 회의에서의 존
재감을 높이는 것은 무리다.

"누군가가 하겠지." "나는 모르는 일이야." 이런 식으로 전혀 논

의에 관여하지 않는다면 존재감은커녕 회의에 참석하지 말라는 말
이 나오게 된다.

존재감을 높이기 위해서는 평소에 자신에게 끊임없이 물어봐야
한다. 문제의식을 가지고 기업을, 부서를, 팀을 바라보고 있는가?
그리고 어떠한 위기의식을 느끼는가? 자신의 일로 여기며 문제해
결을 위해 노력하는가?

이 3가지 의식 모두가 결여된 사람은 존재감을 논할 가치도 없다.

04

상대에게 전달하기 쉬운 것은 논리!
−시나리오 기술

‧‧ 현장의 공기를 읽는다

회의에는 흐름이 있다. 공기가 있다. 회의의 목적을 향하여 전원의 의식이 향해간다. 느지막하게 등장해서 갑자기 논의를 뒤로 돌리는 사람, 지금 말하고 있는 사항과 다른 화제를 꺼내는 사람, 다른 사람의 이야기 중에 끼어드는 사람, 결정된 결론에 트집 잡는 사람(이런 타입의 사람은 자신의 존재를 어필하고 싶어 하는 것뿐이므로 특히 주의!)들은 주의해야 한다.

회의의 가장 중요한 것은 자신이 발언할 시나리오다. 거기에 회의 전체의 흐름(시나리오)을 이해하는 기술 역시 중요하다. 언제 무슨 발언을 해야 할지, 적절한 발언 시기와 발언 내용을 생각하는 것이 출발점이다.

도로관계사四공단 민영화추진위원회 위원인 이노세 나오키는 위원회에 출석하기 전에 매번 치밀한 작전을 세워 회의에 임한다고 한다. 그렇게 하지 않으면 논의에서 이길 수 없기 때문이다. 전체 회의 흐름을 예상해보면서, '상대가 이런 말을 하면 나는 이렇게 맞서야지'와 같은 자신의 발언을 미리 철저하게 연습한다.

회의의 전체상을 사전에 그릴 수 있다면, 만약 회의가 목표한 방향에서 벗어났을 경우 궤도 수정에 대한 판단도 할 수 있다.

∷ 시나리오 기술은 논리적 사고가 기본

회의에서의 시나리오 기술은 연역법적 발상이다. 우선 결론이 있고 그 다음에 근거를 제시한다. 연역법으로 생각하려면 논리적 사고가 기초가 되어야 한다. 보통 사람들은 그것을 어렵게 생각한다. 이러쿵저러쿵 상황 설명부터 시작해서 좀처럼 결론을 내리지 못하고, 듣고 있는 쪽에서는 점점 집중력이 떨어진다. 결국 논의의 목적조차 알 수 없게 된다.

화장품 용구 제조회사인 A사. 신제품 판매기획 회의에서 부장이 참석자들에게 "신제품의 매출을 올리기 위해서는 어떻게 하면 좋겠는가?"라고 물어 보았다. 시나리오 기술 제로, 논리적 사고 제로인 B군의 대답이다.

"신제품의 매출은 매해 감소 추세를 보이고 있습니다. 지금 시장에서 가장 인기 있는 상품은 Z사의 상품으로 주요 구매층이 20~30

대의 여성이라는 결과가 나왔습니다. 이 대상 설정에 우리 상품의 매출이 부진한 원인이 있는 것 같습니다. 타개책을 생각해 봤습니다만, 역시 여성으로 대상을 좁히지 않으면 안 될 것 같습니다. 그것도 젊은 여성층으로 말입니다. 많은 상품들이 그들을 대상으로 삼고 있기 때문입니다. 그러기 위해서 용기의 디자인도 바꿀 필요가 있다고 생각합니다."

부장은 "흠 그렇군! 그래서? 결론은 뭐야?"라고 되물었다.

결국 B군이 말하고자 했던 것은 '젊은 여성으로 대상을 좁히자'는 것 같은데, 아무래도 부장은 뭔가 부족한 모양이다. 그래서 이번에는 이 부서의 희망인 C군에게 의견을 물었다.

"결론은 상품 컨셉 자체와 그로 인한 판매 시스템의 재고가 필요하다고 생각합니다. 이유는 다음의 3가지입니다. 첫째 이유는 나쁜 상품 이미지입니다. 설문 조사에 따르면 우리 회사 신제품의 주요 이용 고객은 40~50대의 남성입니다. 그래서 아저씨들이 쓰는 샴푸라는 이미지가 강합니다. 게다가 쉽게 할인하는 샴푸라는 평가도 있습니다. 둘째는 각 점포에 상품이 과잉 공급되고 있으며 싸구려 상품으로 취급되고 있다는 점입니다. 셋째는 대상을 명확히 한 판촉이 이루어지지 않는 점입니다. 즉, 대상을 명확히 한 상품 컨셉의 재고 그리고 판매 시스템의 재고가 필요합니다."

B군과 C군, 어느 쪽이 이해하기 쉬울까? B군의 발언은 상황 설명 속에 결론이 묻혀져 버렸다. 듣고 있는 사람에게 '그게 정말이야?'라는 의문을 갖게 한다. 완전한 시나리오 부족, 논리적 설명 부

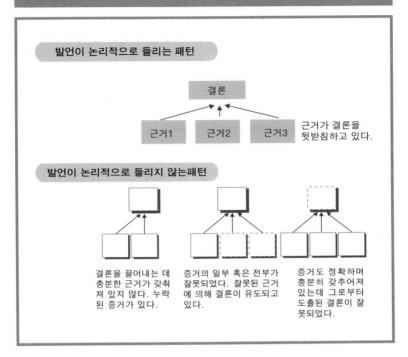

도표 5-4 결론과 근거의 논리 구조

발언이 논리적으로 들리는 패턴

결론

근거1 근거2 근거3 근거가 결론을 뒷받침하고 있다.

발언이 논리적으로 들리지 않는패턴

결론을 끌어내는 데 충분한 근거가 갖춰져 있지 않다. 누락된 증거가 있다.

증거의 일부 혹은 전부가 잘못되었다. 잘못된 근거에 의해 결론이 유도되고 있다.

증거도 정확하며 충분히 갖추어져 있는데 그로부터 도출된 결론이 잘못되었다.

족이다. 반면, C군의 발언은 명확히 정리되어 있는 것을 알 수 있다. 우선 결론을 내린 후, 그것을 뒷받침하는 몇 개의 근거를 제시했다. 그리고 마지막에 다시 한 번 결론을 내렸다. 듣고 있는 사람의 머리 속에 논리적 사고가 떠오른다. 그래서 이해하기 쉽다.(도표 5-4)

05

상대를 자신에게 집중시키는 엔터테인먼트 능력을 연마한다 — 의사전달 기술

∷ 회의는 비즈니스를 주제로 한 엔터테인먼트

프레젠테이션을 잘하는 사람 하면, 역대 미국 대통령의 이름이 반드시 등장한다. 케네디 대통령이 그 대표격일 것이다. 많은 청중 앞에서, TV 토론회에서, 학생들과의 대화에서 대통령은 뛰어난 프레젠테이션을 발휘해야 한다.

미국 대통령의 대부분은 스피치나 프레젠테이션 등 커뮤니케이션 능력을 기르기 위해 전문적인 훈련을 받는다. 그만큼 자신의 발언이 청중의 마음을 얼마나 사로잡을 수 있는가에 주력하고 있다.

클린턴 대통령은 청중을 끌어들이고, 상대방과 신뢰 관계를 만드는 능력을 기르기 위해 커뮤니케이션 훈련 방법 중의 하나인 NLP라는 심리언어 프로그램 과정을 거쳤다고 한다.

이 프로그램은 심리치료 전문가인 게스탈트 세라피Gestalt

Therapy의 프릿 펄스, 최면 치료가인 밀튼 H. 에릭슨, 가족심리 치료사인 버지니아 세티어 등이 말투나 비非언어에 의한 커뮤니케이션을 연구하여 모델화한 것이다. 이는 누구라도 천재의 표본을 배울 수 있는 형태로 체계화시킨 것으로써 커뮤니케이션의 베스트 실천 사례라고 할 수 있다.

높은 프레젠테이션 능력, 높은 커뮤니케이션 능력은 리더로서의 존재감을 나타내는 척도다.

:: 의사전달 기술을 연마하자!

회의는 각각 자신의 존재감을 전제로 의견과 의견이 교환되거나 대립하는 곳이다. 그렇기 때문에 이해하기 쉽게 전달하는 것만으로는 부족하다. 회의에서는 상대방을 자신의 의견으로 끌어들이지 않으면 안 된다. 회의는 참석자들간의 실력 대결의 장이기도 하다.

회의에서의 의사전달 기술은 회의의 목적, 상대와의 포지션, 전체의 분위기를 살피면서 그때그때마다 임기응변으로 '전달법'을 바꿀 수 있는 기술이다.

그 기본은 우선, 분위기를 읽는 것이다. 회의장에 흐르는 분위기에 따라 자신이 어떠한 발언을 할까 순간적으로 생각할 수 있어야 한다. 그리고 주도권을 잡기 위한 전달법을 사용하게 되는데 이것이 회의의 의사전달 기술이다.

내가 아는 컨설턴트 중의 한 분은 가끔 사무실에서 만담 CD를 듣는다고 한다. 그는 프레젠테이션의 달인이다. 만담을 들음으로써 말의 리듬이나 말과 말 사이의 효과적인 간격을 배운다고 한다. 만담은 말이 중심이다. 만담을 들음으로써 자신의 말투, 목소리 톤, 속도 그리고 절묘한 말 사이의 간격도 배울 수 있다.

명인으로 불리는 만담가는 몸 전체로 표현한다. 국수를 먹는다, 술을 마신다, 땀을 닦는다, 달린다(앉은 채로) 등등. 그러한 몸동작을 통해 현장감 있는 만담이 된다. 만담가는 말하고, 표정을 만들고, 몸을 움직이고, 언어와 비언어로 메시지를 구사해 만담을 우리들에게 전달한다.

회의에서도 마찬가지다. 다른 사람에게 뭔가를 전달할 때는 언어와 비언어의 조화가 필요하다. 회의에서의 의사전달 기술을 연마하는 3가지 포인트를 정리해 보았다.

첫째, 힘이 느껴지는 말을 사용한다. 상대를 이해시키려면 불안감을 주는 표현은 피해야 한다. 또 자신의 주장을 정확히 전달하려면 모호하고 추상적인 말투도 피한다. 핵심을 찌른 본질적인 키워드를 의식하길 바란다. 키워드를 핵으로 한 시나리오가 필요하다. 그리고 가능한 자신의 목소리 톤을 낮춘다. 필요하면 감정을 주입한다.

● 추상적인 표현을 피하기 위해 수치로 표현할 수 있는 것은 되도록 데이터나 수치를 사용한다.

> ● '~라고 생각한다' '~인 것 같다' 등의 모호한 말이 아닌
>   확실한 표현을 한다.
> ● 덧말을 붙이지 않는다(에~, 저기~, 그러니까~ 등).

둘째, 누구에게 무엇을 말할지에 따라 말투를 바꾼다. 발언은 정확하고 큰 목소리로 하는 것이 기본이지만 침착한 목소리로 천천히 말하는 것이 설득력이 있을 때도 있다.

> ● 청중이 누구인가, 청중의 문제의식은 어느 정도 수준인가를
>   반드시 확인한다.
> ● 기본적인 키워드로 구성한다.

셋째, 웃음에는 회의장의 긴장을 푸는 마법이 숨어 있다. 중대한 문제를 논의할 때면 회의장은 긴장감이 감돈다. 회의장의 긴장감을 푸는 열쇠는 '웃음'이다. 웃음으로써 한순간에 친근감이 더해져 자신의 긴장도 풀 수 있다.

> ● 말장난이 아니라 수준 있는 농담을 한다.
> ● 자신도 웃는 얼굴을 한다.

회의에서 프레젠테이션의 원점은 존재감이다. 존재감을 보완하는 기술로는 시나리오 기술, 의사전달 기술이 있다. 논리적 사고로

자신의 생각을 정리하고, 프레젠테이션 기술로 '상대가 이해하기 쉬운' 전달법을 구사한다.

　사내에는 반드시 한 사람이나 두 사람 정도 좋은 본보기가 되는 인재가 있다. 우선 회의에서의 그들의 행동을 흉내내본다. 기술은 여러 번 반복하여 연마하면 향상된다. 그러나 어디까지나 진정한 승부, 마음을 다하는 자세가 중요하다. 정면에서 당당히 부딪히는 것이 기본 중의 기본이다.

6

공간과 도구
측면에서 생각하는
차세대 회의 운영

01

회의의 공간과 도구는 현장에서
가치를 창출할 수 있도록!

⠿ IT의 발전으로 차세대 회의는 크게 변한다!

NHK 스페셜 프로그램에서 〈변혁의 세기〉라는 재미있는 다큐멘터리가 방송되었다. 그것은 미국 육군의 최신예 보병 시스템 '랜드 워리어land warrior'에 관한 내용이었다. 지금까지의 지휘명령계통을 크게 바꾸는, IT와 인터넷을 구사한 시스템으로 2004년 실용화를 위해 실험이 진행되고 있다. 가장 큰 특징은, 전투 현장에 있는 보병이 자신의 판단으로 미사일 발사 버튼을 누를 수 있다는 점이다. 지금까지 미국의 군사명령체계로는 도저히 생각할 수 없는 시스템이다.

지금까지의 미국 육군은 철저한 상명하달식 지휘명령체계였다. 다수의 거대 기업이 그러한 미군의 조직 구조를 모델로 하고 있다. 그만큼 조직 구조의 거울이라고도 할 수 있는 완벽한 명령체계다.

최전선에 있는 보병은 우선 현장 상황을 직속 부대의 상사에게 보고한다. 보고를 받은 상사는 다시 그의 상사에게, 그리고 그 위의 상사에게, 이렇게 하여 최종적으로 작전사령부에 전달된다. 사령부는 각 현장에서 온 정보를 기초로 전체 상황을 파악한 후 '미사일 발사!' 명령을 내린다. 그럼 이번에는 반대로 점점 하부 조직으로 명령이 전달되어 마지막으로 현장의 보병이 미사일 버튼을 누르게 된다.

이래서는 시간이 너무 걸린다. 조직이 거대해지면서 전체적인 힘은 강해졌을지 몰라도 적군이 소규모 게릴라 작전을 펼 경우에는 적의 공략에 적절히 대처할 수 없다. 마치 거대 기업과 벤처 기업의 전투를 보고 있는 것 같다.

그러나 앞으로는 전술 인터넷이라 불리는 군사용 통신 시스템을 사용하면 지금까지는 사령부만이 알 수 있었던 군 전체의 상황을 현장에 있는 보병이 실시간으로 알 수 있게 된다. 일일이 사령부에 보고할 필요 없이 현장의 보병이 자신의 판단으로 미사일 버튼을 누를 수 있기 때문에 적의 움직임 속도에 따라 대응할 수 있다.

앞으로의 보병은 문자나 레이더를 볼 수 있는 선글라스를 끼고 입을 수 있게 만들어진 컴퓨터를 착용하고 다닐 것이다. 스타워즈의 클론 부대까지는 아니더라도 만화에 자주 등장하는 캐릭터의 분위기가 난다.

회의는 이 지시명령계통이라는 비즈니스 프로세스의 핵심 포인트이기도 하다. 현장의 상황을 보고하고, 공유하고, 리더가 의사결정을 한다. 만약 이 '랜드 워리어' 같은 시스템을 사용한다면 일일이 모여서 하는 회의는 의미가 없어진다. 생산 현장, 개발 현장, 영업 현장의 담당자가 랜드 워리어 컴퓨터를 몸에 착용하고 현장의 문제와 과제를 본부나 상사에게 실시간으로 전달할 수 있다면 회의는 필요 없게 될지도 모른다.

조직이 커지면 커질수록 쓸데없는 회의는 늘어나게 되고 점점 의사결정이 늦어진다. 이는 곧 '현장＝시장'이라는 변화에 대한 대응이 느려지는 결과를 초래하게 된다. 아마도 차세대 회의는 모여서 할 필요가 없어질 것이다.

◌◌ 차세대 회의 운영을 보면 그 기업의 전략성이 보인다

차세대 회의는 IT나 통신 시스템을 사용하는 것만으로 실현할 수 있을까? 결코 그렇지도 않다.

미국의 포드 사의 조직 변혁을 살펴보자. 과거의 거대 피라미드 구조를 크게 바꿨다. 현장을 저변으로 한 피라미드 구조를 역으로 바꾼다! 이것이 조직 변혁의 컨셉이었다.

2001년 여름, 5천 명의 사무직 사원을 정리한다는 발표가 있었다. 그 대부분이 중간관리직이었다. 현장 지휘를 위해 존재했던 중간관리직은 이제 필요가 없어졌기 때문이다. 모두 현장이 직접 판단하고 최고경영자와 중간관리직도 현장을 움직이기 위한 지원자 역할로 바꾼다.

그 이유는 현장이 곧 시장(현장=시장)이라는 사실에 있다. 시장의 모든 변화를 먼저 감지할 수 있는 곳은 시장과 직접 접하고 있는 현장이다. 모든 것을 그곳에 집중시키기 위해서 조직 구조를 대대적으로 바꾸려 하고 있다.

현장과 최고경영자를 직결시키는 움직임이 많은 기업에서 나타나고 있다. '관리직은 현장을 통솔한다'는 발상은 이미 무너지고 있다. 이제는 관리직이라는 개념이 아닌, 팀 리더가 필요하다. 다시 말해 팀 코치이지 결코 관리가 아니다. 그것을 가능하게 하는 것이 통신이며 IT다.

델 컴퓨터에서는 현장에서의 모든 움직임을 데이터화하여 사장이 직접 한 시간마다 체크하고 현장을 지휘한다. 델의 경우는 직접 모델이라는 비즈니스 모델이 바로 현장밀착을 의미한다. 중간에 대리점이라든가 판매원이란 개념이 없다. 단 한 통의 문의 전화에도 최고의 경험을 제공한다.

이 컨셉의 기본은 비즈니스 프로세스의 불필요한 부분을 없애고 지속적으로 프로세스를 혁신하는 것이다. 그러기 위해서는 현장의 데이터를 실시간으로 수집하고 공유하고 행동하는, 다시 말해서 현장에 집중할 수 있는 회의 시스템이 필요하다.

델 컴퓨터는 사내에서 공유해야 하는 정보(거의 대부분의 정보)를 전 세계에서 24시간 내내 공유할 수 있도록 하고 있다. 전화 회의를 통하여 그날 중에 그날의 데이터나 지식 정보를 공유한다. 이를 바탕으로 회사 전체가 의사결정을 내리면 그 결정을 모두가 공유한다. 이런 컨셉을 '디지털 조종digital cockpit'이라고 한다. 실시간계기비행 경영이다.

비행기는 어두운 밤이나 비와 안개 등의 악천후 속에서도 무사히 착륙하지 않으면 안 된다. 소형비행기의 파일럿 자격시험에도 야간비행과 앞 유리를 가린 채 계기판에만 의지해서 착륙하는 시험이 포함되어 있다고 한다. 비행사로서는 아찔한 일이지만 필수시험이다. 앞이 보이지 않아도 비행기는 착륙해야만 한다. 그것도 안전하고 정확하게.

계기비행 경영은 기업이 크게 성장하면 성장할수록 반드시 필요하다. 하지만 문제는 어떻게 하면 이 계기판을 현장감 넘치는 데이터의 집합체로 만들까 하는 것이다. 앞으로의 차세대 회의는 모일 필요가 없어진다. 그러면서도 현장감이 요구된다. 그 요구에 응하기 위해서는 뛰어난 회의기술 도구가 필요하다.

차세대 회의에서는 '상부'라든가 '중간관리'라는 개념을 버려야 한다. 조직 구조 자체의 변혁, 비즈니스 프로세스나 의사결정 프로세스의 변혁, 비즈니스 모델 변혁을 철저히 수행하지 않으면 실현할 수 없다. 차세대 회의에는 그 기업의 전략성이 나타난다. 1 : 1 : n 의 현장 커뮤니케이션을 실현하는 것이다.

실제로 델도 웹 캐스터라는 인트라넷을 통해 항상 마이클 델이나 일본의 하마다 사장 등 경영자가 직접 사원들과 대화를 한다. 이 웹 캐스터는 누가 어느 부분을 몇 분 보았는가의 로그 체크도 가능하다(보지 않는다고 해서 문제가 되지는 않는다). 마이클 델은 매월 3만 5천 명의 다양한 세대의 사원들에게 10여 분에 달하는 동영상 메시지를 보낸다.

∷ 차세대 회의를 위한 공간과 도구는 회의를 고도화하기 위한 수단이다

회의 공간, 회의 도구를 생각할 때면 가능한 사용하기 편한 공간, 또 효율적인 회의 운영을 위한 도구가 필요하다는 의견이 많다. 물론 그것도 중요하지만 편리함이나 효율성보다 중요한 것은 회의를 고도화할 수 있는가의 여부다.

초등학교의 책상은 기본적으로 한 사람에 하나다. 옛날에는 두 사람이 하나를 사용했다. 남학생과 여학생이 하나의 책상을 사용했다. 생각해보면 웃음이 나온다. 점심시간에는 친구들과 왁자지껄 떠들면서 도시락을 먹는다. 수업중에 선생님께서 "조별로 짜서 국어책을 읽어볼까요?" "자, 스케치북에 짝꿍 얼굴을 그려보세요"라는 말이 떨어지기가 무섭게 일제히 책상을 움직여 조별로 원을 만든다. 간단히 움직여서 만들 수 있기 때문에 언제라도 조별 활동이 가능하며 언제라도 창작 활동이 가능하다. 중학교나 고등학교도 마찬가지로 한 사람에 책상 하나로 초등학교와 크게 다르지 않다. 목적에 맞게 다양하게 책상 구조를 바꿀 수 있다.

그러나 대학교는 어떠한가? 대학의 강의실은 거의가 고정식이다. 계단으로 된 교실은 수백 명이나 들어가는 곳도 있다. 자유롭게 위치를 바꿀 수 있는 교실은 거의 없다. 인원수가 많기 때문에 어쩔 수 없는 일이긴 하다.

그러나 이 일방적인 강의를 듣고 과연 자신의 것으로 만들 수 있을까? 기업 연수에서 중요한 것은 연습과 실습이다. 이론이나 지식만으로는 실제 사회에서 버틸 수가 없다. 공부한 내용을 자신의 것으로 하기 위해서는 연습과 실습을 충분히 해야 한다.

초등학교는 연습, 실습 그리고 이론, 지식 수업이 비교적 종합적으로 실시되고 있다. 최근에는 동네 상점에 가서 여러 가지를 물어보는 마케팅 숙제까지 내주기도 하고 비즈니스 게임을 수업에 연계하는 학교도 있다고 한다. 이러한 실천적인 수업을 하려면 책상의 구조가 자유로워야 한다. 책상의 형태와 수업의 실천도와는 일정한 상관성이 있다.

대학은 수업 대부분이 1 : n의 대형 강의실에서 이루어지기 때문에 대학생들은 쓸모가 없다고 한다. 작년과 똑같은 수업 컨텐츠를 올해도 사용하는 많은 대학 교수들도 비판을 받는다. 시험을 잘 보려면 선배들 노트 2권만 있으면 가능하다고도 한다.

세븐일레븐에서는 불과 2주일 동안에 과자의 70퍼센트가 새것으로 대체되는데, 대학의 강의 노트는 최소 3년을 사용한다. '대학 혁명은 강의 공간의 혁명부터!'라고 외치고 싶다. 그런 점에서 볼 때 초등학교의 수업 공간은 현장감이 넘친다. 학급 표어도 걸려 있고,

부모님 그림도 걸려 있고, 운동회 사진도 있다. 계절마다 계절을 느낄 수 있다. 마치 세븐일레븐 같다. 회의 공간에는 이러한 초등학교의 현장감이 필요하다. 실천형, 연습형, 실습형이 중요하다.

그러고 보니 고도성장기에 쑥쑥 성장해온 많은 기업들의 회의실에는 고급스런 붉은 카펫이 깔려 있었다. 그리고 묵직하고 고급스런 책상이 턱하니 놓여 있었다. 정말이지 그룹워크가 이루어지려 해도 이루어질 수 없는 환경이다. 그래서 비실천적일 수밖에 없다. 이러한 회의 공간은 관료적, 표면적, 권위적이 된다. 대학의 대형 강의실과 기본적으로 마찬가지다. 속도감도 없으며 권위나 권력을 과시하는 장으로 변질되고 있다.

중역실일수록 움직임이 자유로워야 하고 바닥은 값싼 카펫이거나 나무 바닥이 좋다. 실천적이고 도전적인 분위기가 중요하다. 고급스러운 붉은 카펫이 깔린 중후한 분위기가 감도는 중역실은 초등학교보다 못한 비창조적인 공간이다. 경영자들은 초등학교 교실을 더욱 주의깊게 살펴보길 바란다.

이런 의미로 본다면 후지사와 다케오가 제창한 혼다의 대형 중역실은 현장 감각이 살아 넘치는 공간으로 나무랄 데가 없다. 조직의 벽을 허문 공간이기도 했던 대형 중역실은 혼다다운 공간이었다.

'회의 공간과 회의 도구에 그렇게까지 신경을 써야 하나?' 라고 생각할지도 모르겠다. 아스쿨은 업무 부서가 같은 층에 집중되어 있다. 중앙에 상담 센터가 있고 그 주위를 감싸듯이 각 부서가 배치되어 있다. 모든 것은 고객의 목소리를 중심으로 모든 사업을 추진하며 회의를 한다. 아스쿨의 업무 공간이 이처럼 통합되어 있는 것은 고객을 위해서다. 그렇기 때문에 아스쿨의 고객만족도는 상당히 높다.

『i 모드 사건』의 집필자인 마츠나가 마리는 현재 반다이의 사외 이사다. 사외 이사라고는 하지만 그녀의 역할은 다른 사외 이사들과는 약간 다르다. 사내에 잠들어 있는 젊은이들의 감성을 밖으로 끌어내는 것이 그녀의 일이다. 반다이에는 그녀를 위한 방이 마련되어 있다. 시공비만도 1억 원 정도가 들었다. 이름은 '클럽마리 코마가타'이다. 이곳에서는 매월 두 차례, 젊은 사원들이 자신의 상품 개발 아이디어를 가지고 마츠나가 마리와 상담을 한다. 예약은 3개월 후까지 꽉 차 있는 상태다(〈월간 다이아몬드〉 2003년 1월 18일호).

반다이의 첫 번째 오리지널 캐릭터 '포픈베리Pop'n Berry'의 이름도 이 회의실에서 나온 것이다. 이 이름이 나오기까지 상당한 시간이 걸렸다. 이름을 결정하는 데에만 4~5차례의 회의가 열렸다. 이름이 좀처럼 정해지지 않아 캐릭터 담당자는 초조해했다. 그러나 마츠나가는 "좀처럼 결정짓지 못할 때일수록 무리하면 안 돼요"라고 말했다. 'i모드'도 그 이름을 갖기까지 상당한 시간이 필요했다는 마츠나가. 이름을 짓는 데는 지금까지의 경험이 상당히 많은 작용을 한다.

어느 날, 마츠나가는 무겁게 가라앉은 회의실에서 갑자기 "우리 마이클 잭슨의 DVD를 볼까요?"라고 모두에게 제안했다. 그 DVD를 본 순간 만장일치로 포픈베리라는 이름이 탄생했다.

회의는 엔터테인먼트이기도 하다. 뭐든 머리만을 사용하고 일의 효율성만을 추구할 필요는 전혀 없다. 오히려 머리에 지나치게 의존하게 되면 따분한 회의가 되고 따분한 회의를 하는 회사는 따분한 회사가 되고 만다. 오감에 호소하고 오감으로 진행하는 회의도 좋지 않은가? 그런 회의가 있는 회사는 시장에서도 오감으로 호소할 수 있다.

회의 운영을 고도화할 수 있는지의 여부는 물론 참석자 개인에게 달려 있다. 그러나 개인 혼자서는 아무것도 창출할 수 없다. 거기에는 공간과 도구라는 수단이 필요하다. 그리고 개인의 리더십, 논리적 사고, 프레젠테이션을 기본으로 조직 구조, 비즈니스 프로세스, 비즈니스 모델, 이 모든 것이 차세대 회의에 필요하다. 그런 최적의 회의 공간, 회의 도구에 의해 비로소 회의는 고도화된다.

회의에 있어서 공간과 도구는 회의 목적, 회의 문화를 상징적으로 나타내는 비유이기도 하다. 공간과 도구를 보면 회의를 보는 그 기업의 생각과 취향을 충분히 읽을 수 있다.

02

IT로 차세대 회의를 고도화한다

⁘ 가상 회의는 커뮤니케이션이 중요하다

차세대 회의는 인터넷 없이는 생각할 수 없다. 웹은 회의 공간이
며 동시에 회의 도구다. 웹에 의한 회의 시스템은 WEB-EX(http://
www.webex.com), INTERCALL(http://www.intercall.com) 등에서
ASP(Application Service Provider)로 전개되고 있다. 특징은 상대방이
나 장소에 관계없이 모든 프레젠테이션을 할 수 있다는 점이며, 전
화 회의 시스템이나 채팅을 이용하여 쌍방향 토론이 가능하다는 것
이다.(도표 6-1)

예를 들어 설명해 보자. 우선 미팅 센터에 회의를 등록한다. 회의
참가자에게 메일로 개최 통지를 하고, 참가자는 그 시각에 미팅 센
터에 등록되어 있는 회의에 접속한다. 참가자는 컴퓨터와 인터넷만
있으면 그것으로 충분하다. 프레젠테이션은 미리 파워포인트로 작

성하여 미팅 센터에 등록해 둔 자료를 사용한다. 참가자는 그 자료를 보면서 전화로 회의 내용을 듣는다. 참가자는 프레젠테이션을 듣는 것만이 아니라 컴퓨터에서 화이트보드를 사용하거나 자료 수정도 할 수 있다. 그리고 회의의 전체 내용을 기록할 수도 있다.

회의가 끝난 뒤에도 언제 어디서나 다시 회의 내용을 재생할 수 있다. 지금은 모바일 PC를 위한 서비스도 나와 있어 컴퓨터를 보지 않더라도 한 손에 PDA를 들고 회의할 수 있다.

목소리 회의라는 것은, 화면은 공유할 수 없지만 세계적으로 상당히 일반화되어 있다. 책상 위에 놓을 수 있는 타입의 마이크와 스피커를 이용하여 목소리만으로 회의를 진행한다. 자료는 사전에 메일을 이용하여 참가자에게 보내면 된다. 상대의 표정보다도 말이라는 객관적인 데이터로 논의할 수 있기 때문에 의외로 부드럽게 회의가 진행된다. 또한 회의록을 대신 작성해 주는 서비스나 메모 서비스가 가상 회의와 연계된 것도 있다.

시간만 지정해 두면, 그 장소에 모이지 않아도 전 세계에서 회의를 할 수 있다. 회의의 모든 기록을 언제라도 볼 수 있다. 차세대 회의는 최소한의 회의 공간으로도 충분하다. 자연히 회의장으로 가야 하는 수고도 줄어든다. 회의장의 분위기를 파악할 수 없다는 단점이 있기는 하지만 반대로 데이터를 중심으로 논의할 수 있기 때문에 객관적인 토론이 가능하다는 장점이 있다. 가상 세계에서는 서로 주체적으로 발언하지 않으면 회의가 이루어지지 않는다. 가상 회의에서는 커뮤니케이션 내용이 더욱 중요한 요소가 된다.

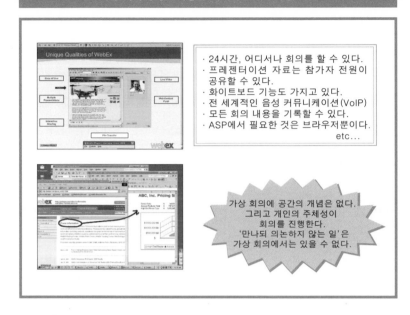

:: 실제 회의도 IT로 고도화할 수 있다

대부분의 회의는 실제로 진행된다. 세븐일레븐의 FC 회의처럼 넓은 지하 강당에 관계자 800명이 직접 만나서(나머지 700명은 TV 회의 등으로 다른 장소에 분산되어 있다) 매주 회의를 실시한다는 것은 정말 드문 일이지만 얼굴과 얼굴을 마주 보며 하는 회의가 지금까지의 주류였다.

앞으로 모든 회의가 가상 회의가 된다는 말은 아니다. 그러나 현장 회의에는 여러 가지 문제가 발생하고 있다. 예를 들면, '모이는 것' 자체가 목적이 되어 아무 논의도 하지 않는다든가, 서로 얼굴을 마주하기 때문에 어색해지는 경우 등이다. 그런 의미로 볼 때 가상 회의는 목적이 명확하지 않으면 안 되고, 서로 마음을 열고 의견을 나누지 않으면 안 된다.

현장 회의도 가상 회의처럼 IT를 활용하여 고도화시킬 필요가 있다. IT의 기본은 전자 데이터다. 매출·이익 데이터와 같은 경영 수치는 물론 고객의 클레임 같은 생생한 고객의 소리도 데이터화해야 한다. 그것도 가능하면 그래프화, 시각화할 필요가 있다. 디지털 카메라나 디지털 비디오를 사용하여 영업 현장이나 상품 등의 사진도 데이터화한다. 사실을 기초로 한 회의가 진행될 수 있도록 준비해 둔다.

자료가 디지털화되어 있으면 데이터의 복사, 수정, 전용이 편리하다. 일반적으로 기업의 회의 자료는 지나칠 정도로 많다. 그것도 너무 세세하다. 그런 세세한 부분은 현장에 맡기고 큰 방향의 비전이나 전략을 의논해야 한다. 마이크로소프트의 모든 사무는 워드가 아닌 엑셀로 통계화, 그래프화되어 있다.

표의 숫자를 하나하나 계산기로 두드리면서 질문에 대답하는 것이 아니라 그 장소에서 순간적으로 체계화된 문제점과 과제가 눈에 확 들어오지 않으면 안 된다. 그 데이터가 어떤 식으로 만들어졌느냐는 질문을 받으면 그 자리에서 인트라넷에 연결하여 그 데이터에 대해 설명한다. 점포나 공장의 모습이 동영상으로 생생하게 보인다면 앞에서 말한 '랜드 워리어' 같은 시스템을 기획 단계에서 바로 도입할 수도 있다.

그리고 이제는 '회의 현장에서 회의자료 만들기'를 하기 바란다. 대체로 회의를 위해 자료를 만드는 일은 쓸데없는 짓이다. 회의 자료의 기본은 현장에서 사용하고 있는 데이터를 그대로 사용한다. 그렇기 때문에 현장의 데이터 자체가 보기 쉽고 사용하기 편한 것이어야 한다.

그리고 데이터나 지식 자체를 곧바로 모두가 공유할 수 있다는 점도 IT의 장점이다. 어느 회사는 PC에 키스테이션key station이 있어서 그곳에서 조작을 하면 사무실에 있는 모니터를 통해 자료를 공유할 수 있도록 되어 있다. 좀더 현장감이 넘치는 회의가 가능하게 된다.

국회에서도 IT를 적극 활용했으면 한다. 중앙 관청의 관리들이 작성한 두터운 서류를 기초로 하여 세세한 데이터를 부분적으로 논하면서 서로 헐뜯기만 하는 회의는 이제 그만뒀으면 한다.

그리고 최근 젊은 의원들이 사용하기 시작한 보드에 그래프를 붙인 대표 질문도 IT 국가를 지향하고 있는 국회의 모습치고는 한심하다. 플라즈마나 액정화면, 그것도 TV나 웹을 이용한 시각적 프레젠테이션을 전개했으면 한다. 그렇다고 인터넷을 이용하여 생중계를 하는 것이 IT 활용이라고 생각해서는 곤란하다.

03

회의 공간은 디지털과 아날로그로!

:: 회의의 정보는 모두 디지털화한다

회의에서는 프레젠테이션 자료, 화이트보드 메모, 발언 등 다양한 정보가 오고간다. 회의에서 중요한 정보는 대체로 회의록에 적는다. 회의록까지는 아니더라도 가까이에 있는 종이에 메모를 한다. 이런 정보가 그 장소에서 간단하게 디지털화가 가능하다면 나중에 공유하기 쉬울 것이다. 또한 사소한 뒷이야기나 키워드가 들어간 데이터가 있다면 그 장소의 현장감이 되살아나 '맞아 맞아, 그런 말을 했었지'라고 생각해낼 수가 있다.

그래서 등장한 것이 전자칠판이나 화이트보드 레코더다. 그 중에 코쿠요의 '미미요'가 인기가 있다고 한다. 이것은 화이트보드에 적은 내용을 그대로 화상 데이터로 컴퓨터에 입력할 수 있다.

지금은 화이트보드보다도 사용하기 편리한 플립차트도 등장했다. 플립차트는 페이지를 넘기면 되기 때문에 지우는 수고를 덜 수 있다. 이런 도구를 활용한다면 일일이 손으로 써서 컴퓨터에 입력할 필요가 없다. 바로바로 적어서 보존했다가 나중에 데이터로 공유한다.

단, 손으로 쓴 정보를 데이터화할 수는 있지만 그것을 쉽게 이해할 수 있는가는 별개의 문제다. 나중에 말하겠지만 데이터는 항상 '이해하기 쉽게' 써야 한다. 그러기 위해서는 제4장에서 언급한 논리적 사고나 제5장에서 언급한 프레젠테이션 기술이 요구된다.

그리고 손으로 적은 것을 바로 데이터화할 수 있는 도구인데도 불구하고 항상 같은 화면에 같은 논의를 반복해서는 안 된다. 화이트보드는 썼다 지웠다를 반복하는 과정을 통하여 회의의 내용이나 참석자의 지혜가 점점 발전해나가야 한다. 그렇기 때문에 지금 적은 것을 바로 데이터화하는 것에 의미가 있다. 따라서 속도가 요구된다.

편리한 도구라고는 해도 효율화가 아니라 어디까지나 회의를 '고도화'하는 도구라는 사실을 잊어서는 안 된다. 히다치의 'EZ 프레젠테이터'라는 프로그램은 디지털 비디오카메라로 촬영한 동영상과 파워포인트로 작성한 각 슬라이드를 연계하여 파워포인트의 슬라이드를 움직이는 것만으로 동영상의 화면도 동시에 간단히 움직일 수 있도록 한 뛰어난 프로그램이다. 용량만 충분하다면 회의록이 따로 필요 없다. 동영상 디스크 회의록으로도 충분하다.

∷ 아날로그와 디지털로 회의를 고도화한다

어느 중견 엔터테인먼트 회사의 컨텐츠를 판매하고 있는 A사의 회의실은 벽이 모두 화이트보드로 되어 있다. 사면초가가 아니라 사면백판白板이다.

창조성을 중시하는 이 기업에서는 눈이 가는 곳마다 아이디어가 넘치고 있으며 그 가운데서 논의가 이루어진다. 창조성을 중시하는 기업의 사상이 이러한 회의실 공간을 만들어 낸 것이다. 간단한 공간에도 기업의 본질이 나타나 있다.

하지만 이렇게 사면을 화이트보드로 만들면 다소 촌스러운 분위기가 나는 것도 사실이다. 그래서 최근에는 유리보드라는 것도 등장했다. 언뜻 보면 멋스러운 반투명의 유리벽이지만 실제로 화이트보드로 사용할 수 있고 프로젝터로 투사할 수도 있는 뛰어난 제품이다. 외국계 기업에서 많이 볼 수 있으며 회의 공간을 멋있게 연출하고 싶다면 유리보드가 제격이다.

회의 공간에는 그 기업의 사상과 문화가 나타난다. 아날로그와 디지털을 조화시킴으로써 창조성이 생겨나 좀더 개방된 커뮤니케이션도 가능하다. 차세대 회의를 어떻게 만들어 가느냐에 따라 기업의 전략성이 나타난다.

회의 공간은 크게 다음의 요소에 의해 구성된다.

- 회의실의 장소, 크기, 내장 요소
- 책상과 의자의 기능, 디자인, 배치
- 조명
- 화이트보드, 스크린 같은 프레젠테이션 도구
- IT 관련 도구

많은 경우를 보면 이러한 회의 공간 요소의 조화는 다음과 같은 요소에 의해 결정된다. 보다 현장 감각을 살리고, 보다 가볍게, 보다 쾌적하게, 보다 인간적으로가 포인트다. NASA의 작전 지령실과 같은 거대한 공간, 거대 스크린에는 쾌적함도 없고 인간적인 면도 없다.

- 회의의 목적
- 회의의 스타일(문화, 풍토)

카오의 소비자 상담센터의 회의는 매일 아침에 실시된다. 전날의 고객 상담 내용을 모두가 공유하고, 상품개발부서에 무슨 내용을 어떻게 전달할까 등을 토론한다. 회의 공간은 평소에 사용하는 책상이다. 아침에 회의 시간이 되면 천장에서 스크린이 내려와서 액정 프로젝터에 의해 개요와 토론 항목이 공개된다. 고정화된 회의실이 아니라 평소에 사용하는 사무실이 회의 공간으로 변하는 것이

다. 그리고 회의가 종료되면 바로 그곳은 사무실이 된다. 현장 감각
에 입각한 공간 활용이다.

경영 컨설팅 회사인 D사의 사원수는 150명 정도다. 매주 월요일
저녁에 전 사원 회의가 열린다. 시간은 약 1시간에서 2시간 정도 소
요되며 장소는 역시 사무실이다. 책상 위의 서류들을 정리하여 서
로 잘 보이도록 한다. 그리고 조금 전까지는 조용한 사무실이었던
곳에서 활발한 논의가 시작된다. 사무실 공간이 그대로 회의 공간
으로 변한다. 150명이어도 충분히 회의가 가능하다.

마케팅 컨설팅 회사인 I사의 회의는 대부분 서서 진행된다. 회의
실인지 흡연실인지 분간하기 어려운 공간이다. 하지만 회의 시간은
짧고, 현장 감각도 넘쳐난다.

회의 공간 구성의 기본은 회의 목적의 실현이다. 경영자의 권력
이나 권위를 과시하려면 고가의 중후한 테이블과 의자와 고급 카펫
이 필요하다. 그러나 창조성을 추구한다면 방의 배치와 테이블과
의자는 심플하게 하는 것이 좋다. 테이블이 오각형이냐 육각형이냐
에 집착하지 말고 프로젝터나 화이트보드에 의한 시각화에 더 중점
을 두자.

생각을 시각적으로 표현하는 것이 중요하다. 말로 하는 공중전보
다 시각적으로 토론 주제를 형식화, 형상화, 그래프화, 차트화하는
데 중점을 둔다. 주위의 벽 전체가 화이트보드이거나 프로젝터가
여러 개 준비되어 있는 기업은 진정한 회의의 의미를 알고 있는 것
이다. 가능하면,

- **단순하게**
- **시각적으로**
- **융통성 있게**

회의의 공간을 만들도록 하자.

04

공간, 도구로 회의를 고도화하는 3가지 포인트

:: 회의를 고도화하려면 주체성, 상호계발, 공유화가 중요하다

제1장에서 회의를 변혁시키려면 '긴장감' '커뮤니케이션', 그리고 미래를 내다보는 '창조성'이 중요하다고 했다. 그러면 공간이나 도구의 측면에서 차세대 회의를 생각한다면 다음의 3가지는 어떻게 정의될까?

- 긴장감 : 회의 참석자가 '주체적인 긴장감'을 발휘할 공간과 도구
- 창조성 : 회의 참석자간의 상호계발을 위한 공간과 도구
- 커뮤니케이션 : 회의의 참석자가 서로의 정보를 마음으로 '공유'할 수 있는 공간과 도구

차세대 회의를 고도화하기 위하여 이 긴장감, 상호계발, 정보의 공유화를 어떤 공간과 도구로 구체화시킬 수 있을까?

긴장감이란 현장 인식에서 나오는 문제의식, 위기의식이다. 결코 권위나 권력에 의한 긴장감이 아니다. 문제의식(위기의식)을 느끼기 위해서는 데이터와 논의에 진정으로 몰입하여 논리성과 객관성을 발견해내는 것이 필요하다.

따라서 긴장감은 주체성에서 우러나오는 긴장감이 아니면 안 된다. 그러므로 회의실에서는 데이터의 이해, 데이터의 입체적 해석, 데이터의 공유화, 데이터의 사실성이 필요하다. 인테리어보다도 IT 도구 같은 장비를 완벽하게 갖추도록 하자.

그리고 회의 공간에 잡음이 나거나 회의실에 어울리지 않는 조명을 사용한다면 진정한 긴장감이 생기지 않는다. 그래서 회의 공간은 반드시

- 소리
- 조명
- 공기

에 기본적인 배려가 필요하다.

창조성을 위해서는 내부 장식, 테이블, 의자 등 공간 구성에 특별히 신경 써야 한다. 얼마나 자유롭게 창조성을 발휘할 수 있는 구조를 만들까? 네모진 회의실만이 아니라 곡선으로 된 벽, 음악이 흐르

는 회의실, 삼각형 테이블, 혹은 간단한 다과를 즐기는 응접실 같은 회의실, 마리클럽을 연상시키는 술이 있는 엔터테인먼트 공간과 시각적 공간 구성을 위한 대형 스크린이나 디스플레이 등 하드웨어 면에 투자를 한다면 투자효과는 올라간다.

가상 공간과 실제 공간의 조화, 첨단 기술과 단순 기술의 조화, 객관성과 주관성의 조화, 데이터와 마음의 조화가 베스트 커뮤니케이션을 만든다. 가능한 많은 선택 사항을 가지고 가능한 풍부하게 시각적인 커뮤니케이션 공간을 구성하지 않으면 진정한 커뮤니케이션은 불가능하다.

⠸⠸ 참석자의 주체적 긴장감이 생길 수 있는 환경을!

지금부터 바람직한 회의에 대해 3가지 키워드를 중심으로 실제 사례를 들어가며 구체적으로 살펴보겠다.

그럼 첫째 키워드, 주체성에서 우러나오는 긴장감!

조직에 종으로 횡으로 벽이 많으면 많을수록 주체성은 저하된다. "어차피 여기서 얘기해 봐야 결국은 윗사람의 한마디로 결정되겠지." "우리가 뭔가 하려고 하면 바로 옆 부서가 트집을 잡으니…." 이런 저런 이유로 자신의 의견은 묵살된다는 고정관념이 만연해 있다. 이는 상하, 종횡의 보이지 않는 벽에 의한 것이다.

언제부터인가 자신을 내세우는 것이 좋지 않은 분위기가 되어버렸다. 그 결과 아무도 움직이려 하지 않는다. 그리고 큰 목소리를 내는 사람이 이긴다. 만약 그 목소리 큰 사람이 뛰어난 회사의 사장처럼 상당히 객관적으로 시장 상황을 보거나 조직 전체의 입장에서서 의견을 말할 수 있는 사람이라면 다행이다. 하지만 좁은 시야를 가진 사람이라면 문제는 심각해진다. 그런데 모두가 뛰어난 사장이 될 수도 없다.

개방화와 공유화가 주체적 긴장감의 전제 조건이다. 델 컴퓨터의 디지털 조종 시스템은 앞에서도 여러 번 인용했다. 이 시스템은 시장 동향뿐 아니라 사원이나 팀의 모든 움직임을 데이터화하여 시장 동향과 사내의 생산성을 마치 비행기를 조종하는 것처럼 컴퓨터 화면 조작만으로 체크할 수 있는 시스템이다.

델에서는 목소리의 크고 작음이 상관없다. 모든 것이 데이터로 판단되기 때문이다. 그래서 누가 봐도 객관적이고 공개적으로 회사 안팎의 움직임을 평가할 수 있다. 그날의 성과는 그날 중에 데이터화되기 때문에 속도가 요구된다. 개인은 움직일 수밖에 없다. 움직이지 않으면 평가가 떨어지기 때문이다. 반대로 활발히 움직여서 성과를 내면 평가는 올라간다. 당연히 개인의 의욕도 높아지고 주체성이 발휘된다.

회의 환경에도 이러한 시스템이 필요하다. '이러한 시스템'이라는 것은 데이터화가 가능하고 빠르고 공개된 시스템을 말한다. 그리고 데이터, 정보, 지식을 공유한다. 예를 들어, 중요한 회의라면 회의 내용을 디지털 비디오에 담아서 바로 인트라넷으로 공개한다.

회의에 대한 의견은 사내의 누구라도 메일로 보낼 수 있고, 그 모아
진 의견은 즉시 공개한다. 좋은 의견이라면 사장이 직접 논평한 후
역시 공개한다. 메일, 게시판, 차트 등 입체적 커뮤니케이션도 권하
고 싶다.

이른바 계기비행 경영을 공개적으로 그리고 공유화(지식 매니지먼
트화)시킨 형태로 전개한다. 이런 시스템으로 참석자, 나아가 조직
전체의 '주체적 긴장감'이 생길 수 있는 환경을 조성하자.

⁘ 상호계발을 위한 환경 조성이 회의의 창조성을 낳는다

둘째 키워드는 창조성이다. 창조성은 회의에 참가하는 사람들이
서로 부딪치면서 생겨난다. 입을 닫고 침묵만 지켜서는 아무것도
나오지 않는다. 발언이 활발히 오가는 환경 조성이 필요하다. 회의
실만이 회의 공간은 아니다. 서로 의견을 교환할 수 있는 환경이라
면 어디라도 좋다.

NTT 히가시니혼의 법인영업부에는 전용 책상이 없다. 영업 사원
은 거의 외근이다. 사무실에 있을 때는 비어 있는 책상을 사용하면
된다. 필요한 서류는 전용 서류함에 보관하도록 되어 있다. 복도 한
쪽에 책상과 의자, 인터넷 전용회선을 마련해 편한 곳을 회의 공간
으로 사용하도록 하고 있다. 서로 오가며 나누는 짧은 대화도 서로

의 정보를 교환하는 일종의 회의다.

우리 HR 인스티튜트도 마찬가지다. 전체 사원의 자리가 정해져 있지 않다. 책상에 앉아서 업무를 봐도 좋고 회의실에서 업무를 봐도 상관없다. 당연히 무선 LAN 환경이다. 공간 자체도 실제 공간만을 의미하지 않는다. 인터넷상의 회의실, 즉 포럼도 상호계발과 창조성 발휘를 위한 장소다.

델의 영업 사원은 자발적으로 인터넷에서 공부 모임을 갖고 있다. 이런 정보를 얻었다든가, 이렇게 하면 상대방의 심금을 울릴 수 있다든가 하는 영업 노하우를 서로 주고받는다.

EIP(Enterprise Information Portal)는 기업 내의 넘쳐나는 데이터, 정보를 특정 사람을 위해 재구성해주어 마치 인터넷의 개인 포털 사이트처럼 데이터나 정보를 자유롭게 사용할 수 있는 시스템을 말한다. 영업부장을 예로 든다면 영업 실적, 고객 정보, 대리점 정보, 상품 정보 같은 자료가 영업부장의 시각과 관점에서 알기 쉽게 가공되어 실시간으로 영업부장의 컴퓨터로 보내지는 시스템이다. 실제로 활용 효과가 높다. 일일이 부하 직원에게 "그건 어떻게 됐나?" "데이터를 집계해봐!"라는 지시를 내릴 필요가 없다.

그래서 최근에는 EIP와 지식 매니지먼트, WBT(Web Best Training)가 통합되려 하고 있다. 즉 일상의 중요한 데이터나 정보를 지식 정보화하여 교육용 교재로 사용하게 된다.

현장의 장면이 객관적으로 추출되고 가공되어 알기 쉽고 논리적으로 '보여지는 것'이다. 자기 한 사람만의 회의도 가능하고, 네트워크를 통한 밀도 높은 회의와 연수도 가능해졌다. EIP는 상호계발과 창조성 발휘를 위한 최적의 도구다.

:: 정보의 공유화로 회의의 조직력을 높인다

셋째 키워드는 진정한 커뮤니케이션의 공유화다. 주체성도 상호계발도 결과적으로는 정보의 공유 없이는 아무런 의미가 없다. 회의를 하는 것은 정보를 공유하는 과정이기도 하다. 그리고 회의 후에도 회의에서 얻은 아이디어나 결정된 사항을 조직 내에서 공유할수 있는 시스템이 갖춰져 있지 않으면 회의를 통한 성과는 기대할수 없다. 커뮤니케이션이 생명이다.

회의를 할 때는 전략적이고 '이해하기 쉬운' 프레젠테이션이 공유화에 크게 영향을 미친다. 공유할 내용의 핵심을 한 눈에 알아볼수 있게 전달하지 못하면 자칫 실수나 오해가 생겨날 가능성이 높아진다. 그래서 발언자는 프레젠테이션 자료를 핵심만을 간추려 이해하기 쉽게 작성하여 전달해야 한다. 그리고 회의 진행자는 참석자 전원이 정보를 정확하게 이해하고 있는가를 확인하면서 진행해나가야 한다. 그런 회의를 위한 환경 조성이 요구된다.

회의가 끝난 뒤에는 회의 중에 발표된 프레젠테이션 내용을 인트라넷에 올려 회의에 참석하지 못한 사람도 공유할 수 있게 해야 한다. 단순히 공유를 위한 것이 아니라 다음 회의가 열릴 때에 지난 번 회의에 참석치 못한 사람이 참석하더라도 회의 진행에 차질이 없게 하기 위해서다. 지난 회의가 다음 회의의 발전을 약속하는 구조여야 한다.

유럽의 경영 컨설턴트가 자주 사용하는 'SOLO'라는 프로그램이 있다. 마이크로소프트의 파워포인트와 비슷하지만 데이터의 가공 방법 등 몇 가지가 약간 다르다.

여기의 막대그래프는 단순한 막대그래프가 아니라 요소를 분석한 그래프라서 설득력이 높다. 그리고 각 페이지에 핵심 키워드를 헤드라인으로 쓸 수도 있다. 한마디로 처음부터 논리적 사고를 기반으로 한 프로그램이라고 할 수 있다. 핵심(본질)과 시각적인 요소를 모두 갖고 있다. 도구 자체에 컨셉이 포함되어 있는 것이다.

커뮤니케이션은 컨텐츠가 중요하다. 그런 의미에서 진정한 공유가 이루어지려면 상대의 입장에 서서 상대에게 스트레스를 주지 않는 커뮤니케이션 컨텐츠가 중요하며 그 컨텐츠를 지지하는 회의 공간, 회의 도구가 도움이 된다.

회의 공간이건 회의 도구건 회의의 목적에 맞는 '컨셉'을 주체적으로 선택했으면 한다. 단순히 디자인이 예뻐서라든가, 비싸니까, 편리할 것 같으니까, 새로운 것이니까, 이런 안이한 이유로 선택해서는 안 된다.

주체성에서 나오는 긴장감, 창조성, 진정한 커뮤니케이션의 공유화, 이 3가지는 어느 하나 따로 떼내어 생각할 수 없다. 서로 밀접하게 관계되어 있다. 그것은 단순히 회의 환경 조성을 말하고 있는 것이 아니다. 차세대 회의를 실현시키려면 공간, 도구 등의 회의 환경을 창의적으로 마련해두는 것을 빠뜨리면 안 된다. 별로 중요해 보이지 않는 공간이나 도구도 실제로는 조직 전체의 능력 향상과 연결되는 중요 요소다.

회의 변혁
프로젝트의
진행 방법

01

회의 변혁의 계획을 세운다 ─
변혁의 포인트는 무엇인가?

∷ 어디서든 쉽고 간단하게 할 수 있는 회의 개선 방법

"어떤 전략을 세우더라도 지금의 우리 회사 입장에서는 그림의 떡입니다. 조직이나 계층마다 벽이 두껍고, 사원의 자세도 소극적입니다. 완전히 대기업의 고질병입니다!"

신규사업 전략 책정 프로젝트 검토위원회에서 중견사원이 한 말이다. 당신은 이 프로젝트의 리더를 담당할 A사의 기획부장이다. 이 외에도 이런 논의가 반복되었다.

"회사는 위기감을 가지라고 말은 하지만 경영자의 의지가 보이지 않습니다." "업적이 저조한 것은 사실이지만 그것은 다른 회사도 마찬가지입니다. 우리 회사는 그래도 괜찮은 편 아닙니까? 보너스도 제때에 나오고 정리해고도 없고…. 위기감을 가지라고 하는 것이 무리입니다."

지금까지 '업무 개혁 프로젝트' '기존 사업 재구축 프로젝트'를 실시했다. 두 프로젝트 모두 적자가 났다. 어떻게든 적자를 막고, 점점 사양길을 걷는 기존 사업을 강화하고 싶다. 도약은 그 다음의 문제다. 하지만 생각만큼 성과가 오르지 않는다. 그렇다면 새로운 상품, 새로운 사업을 개척할 수밖에 없다. 이번 프로젝트가 마지막 카드다. 더 물러설 곳이 없다. 그러나 프로젝트를 실시할 때마다 회의 분위기는 나빠진다. 답답함이 감돈다. 다른 차원에서의 조치가 필요하지 않을까? 당신은 사장에게 상담을 신청했다.

"확실히 프로젝트를 지속하면 지금까지의 업무 이외에 프로젝트에 따른 업무까지 가중되는 것은 사실이다. 현장도 상당히 문제가 많은 것 같다. 프로젝트에서 분과 회의까지…. 회의는 회의를 낳고 회의에서 또 다른 새로운 일이 생기는 악순환이다. 이번은 프로젝트화하지 말고 지나치게 많은 회의를 줄여 현장에 활력을 주도록!" 이라고 사장은 말한다.

이 책의 중점은 어디까지나 회의 변혁—경영 변혁이다. 근본은 '회의 개념을 바꾸자!'이다. 하지만 회의 개선은 완전히 다른 문제다. 긴장감과 커뮤니케이션, 창조성을 육성하는 요소가 없기 때문이다. 그렇다고는 해도 첫걸음은 회의 개선부터다.

그럼 회의 변혁 프로젝트의 사고방식, 진척 방법을 소개하기 전에 회의 개선의 진척 방법을 먼저 살펴보기로 하자.

'일이 늘어나기 때문에 사람이 늘어나는 것이 아니라 사람이 늘어나기 때문에 일이 늘어난다.' 이는 파킨슨 법칙이다. 생산성, 부가가치에 대한 의식이 희박한 기업에 해당되는 말이다. 마찬가지로 일이 늘어나기 때문에 회의가 늘어나는 것이 아니라 회의가 늘어나기 때문에 일이 늘어나는 것이다. 게다가 그 증상이 심해지면 일은 전혀 하지 않고 회의 자체가 일이 되어버린다.

이 같은 기업에서는 우선 회의를 줄이는 것이 급선무다. 그런 다음에 일이 늘어도 회의는 늘지 않는 시스템을 만들어야 한다. 회의 개선의 초점은 '줄이고, 삭제하고, 압축한다'이다. 그래서 불필요한 분석이나 진단은 하지 않는다. '반으로 줄여!' '처음부터 다시 시작해!'라는 말로 우선 축소하고 보자는 방법도 있지만 거기에는 무엇을 기준으로 줄일 것인가가 빠져 있다.

그래서 기획부장은 간단한 설문조사를 실시하기로 했다.

---

① 당신이 참석하고 있는 회의명을 적으시오.

② 그 회의에 참석하는 빈도, 시간을 각각 적으시오.

③ 당신이 봤을 때 필요하다고 생각되는 회의에는 O표를, 불필요하다고 생각되는 회의에는 ×표를, 잘 모를 경우에는 △을 적으시오.

④ 불필요하다고 생각하는 회의에 대해서 왜 그렇게 생각하는지 이유를 적으시오.

설문지를 회수하고 ①과 ②를 기초로 회의 일람표를 작성한다. 1년에 한 번 실시하는 회의, 매일 실시하는 회의, 경영층·중간관

리층이 참석하는 회의, 현장 제일선의 회의, 부서내 회의, 부서간 회의 등 모든 회의를 조사한다. 항목은 다음과 같다. 이것이 '현재의 회의 체계와 과제' 자료가 된다.

- 회의 명칭
- 회의 목표
- 회의 종류(의사결정 회의, 문제해결 회의, 조정 회의, 보고와 연락 회의 등)
- 회의의 개최시기, 빈도, 1회당 소요 시간
- 회의 책임자, 의장, 참석자
- 현재 상황의 과제(불필요하다고 생각하는 이유부터 정리)

결과는 ×의 수가 1/3이상 나온 회의가 25퍼센트를 차지했다. 4개의 회의 중 1개는 불필요한 회의다. '×의 수가 전체의 1/3이상이라면 삭제 대상이 된다.' 이것을 회의를 없애는 기준으로 했다.

그러나 좀더 합리적, 거시적으로 판단할 수 있는 자료로 만들기 위해서 기획부장은,

- 회의비용
- 회의의 부가가치

를 산출했다.

참석자마다 1시간당 비용을 산출한 다음 '시간×비용'으로 각 회의 비용을 산정한다. 그리고 그 회의의 부가가치는 참석자의 관점에서 계산한다. 예를 들면, ○은 5포인트, △은 0포인트, ×는 -5포인트로 하여 집계한 결과를 3가지로 구분한다. 회의비용도 전체의 분포를 생각하여 3가지로 구분한다. 가로 세로로 매트릭스를 만들면 9개의 칸이 만들어진다.(도표7-1) 대응책은 다음과 같다.

- 부가가치가 높은 매트릭스 상단의 회의는 합격이다. 단, 비용이 높은 우측 칸에 있는 회의는 사람, 시간, 빈도 등의 비용 절감을 꾀한다.
- 부가가치가 중위인 중간 부분의 오른쪽 두 칸은 부가가치의 향상과 비용절감 모두를 재고해야 한다. 그렇지 않으면 삭제하거나 다른 회의와 통합한다. 왼쪽 칸은 부가가치 향상 방법을 검토한다.
- 부가가치가 낮은 아래 부분은 중지하거나 비용증가 없이 다른 회의와 통합한다.

이미 A사에서 이루어진 업무개혁 프로젝트를 진행하면서 회의에 써버린 시간은 총 200시간이다. 비용도 참석자수와 시간당 인건비를 합치면 정말 엄청났다. 이렇게 엄청난 비용을 들여 회의를 했다는 사실을 사원들은 자각하고 있을까? 기획부장은 비용 개념이 필요하다는 생각을 강하게 갖게 되었다.

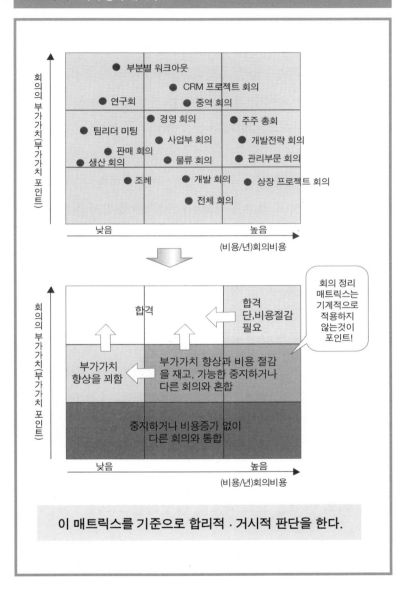

도표 7-1 회의 정리 매트릭스

이 매트릭스를 기준으로 합리적 · 거시적 판단을 한다.

비용을 개선했다면 다음은 실행이다. 중요한 것은 어떻게 구체적인 대응책을 취하는가이다. ×표가 많은 불필요한 회의는 조사표에서 그 본질적인 이유를 찾는 것이 포인트이다.

가장 좋은 회의 개선 방법이 있다. 이 방법은 회의 개선의 범주지만 리더십 강화와 연결된다. 좀 과격한 방법이긴 하나 '자신에게 이득이 없다고 생각되는 회의는 참석할 의무가 없다'는 경영 원칙을 만드는 것이다.

"그럼 회의를 시작합니다. 의제 없습니까?" "이봐, 자네 회의 아닌가? 의제도 정하지 않고 부르다니!" 사람을 소집하면 뭔가 의견이나 지혜를 내놓겠지 하며 기대하는 책임자나 사회자가 진행하는 회의는 점점 참석자가 줄어들어 결국은 어느 날 회의실에 가보니 참석자는 자기들뿐이라는 사실에 깜짝 놀라게 된다. 이런 일이 없으란 법이 없다. 회의의 목적을 파악하고 참석자에게 무엇이든 이득을 주며 회의의 의의가 응축된 회의 진행을 하기 위해서는 리더십의 발휘가 요구된다. 그러나 일반 기업에는 그다지 추천하고 싶지 않다. 경영 수준이 높은 집단이나 조직이 아니면 불가능하기 때문이다.

∷ 회의 변혁을 프로젝트로 실행하는 의의는?

회의를 줄이는 작업을 실시하여 3개월이 지났다. 현장의 피폐함과 답답함은 줄어들었다. 하지만 이번에는 사장으로부터 새로운 문제 제기가 있었다.

"왠지 회사 전체적으로 볼 때, 통일감이나 통합감이 우리 회의에는 없는 것 같아." "영업부과 개발부, 생산부의 연대가 좋지 않다. 판매 계획과 생산 계획이 이렇게 어긋나 있고, 개발부에서 전략 상품으로 내놓은 신상품의 판매도 지지부진하고 말이야. 부서간의 회의가 형식적으로 이루어져서 이런 결과가 나온 거야." "아무래도 종적인 관계가 너무 강한 것 같군. 그리고 부장들의 자기 부서나 타 부서에 대한 의견이 적은 것 같다."

회사 전체의 회의를 전체상으로 내려다보도록 하자. 세세한 것은 차치하고 전체를 생각하여 회의 변혁에 초점을 맞춘다. 사장의 의견에는 회의뿐 아니라 기업 전체의 문제의식이 집약되어 있다.

"아무리 봐도 이건 회의만의 문제가 아니다. 회의에 집약된 '무엇', 이것을 근본적으로 바꿀 필요가 있다." 이렇게 판단한 기획부장은 전략 워크아웃으로 유명한 컨설팅 팜에 상담을 요청했다. 컨설팅 팜의 수석 컨설턴트의 조언은 다음과 같다.

"보통, 프로젝트 주제는 '사업구조변혁'·'사업개발' '마케팅' '상품개발' 등 직접적으로 수익 공헌이 예상되는 것이고, 대부분 수치로 성과가 나타납니다. 일반적으로 회의란 비즈니스를 원활히 하기 위한 부차적인 업무로써 회의 그 자체는 수익 공헌을 기대하기 어렵습니다. 그렇기 때문에 회의는 업무 개선이나 업무 개혁 등의 프로젝트 결과로 여겨집니다.

그러나 회의 본래의 의의는 '사업이나 상품과 비즈니스의 흐름을 연결하는 핵심 포인트로서 그 기업의 리더십이나 기업 유전자의 결정체'입니다. 귀사의 경우는 상부와 현장간의 커뮤니케이션도, 부서간의 비즈니스 흐름도 원활하지 않습니다. 그리고 리더십도 결여되어 있습니다. 이래서는 어떤 프로젝트를 실시한다 해도 성과를 얻을 수 없습니다. 다양한 프로젝트를 통해 경영을 바꿀 것이 아니라 회의를 통해 프로젝트도 다시 검토하고, 경영을 바꿔야 합니다.

얼굴 마주보기 위한, 협의를 위한 회의가 아니라 기업 유전자와 리더십이 응축된 장을 어떻게 만들 것인가를 진지하게 논의해야 합니다. 시대를 짊어질 인재가 부서, 계층을 초월하여 미래의 유전자에 대한 논의를 프로젝트로 실행해야 합니다. 거기에 회의 변혁을 프로젝트로 실행하는 필연성이 있습니다."

⠿ 회의 변혁의 프레임워크

회의 변혁은 아래와 같이 3단계로 구성된다.

> ① 회의 변혁 준비 단계 : 바람직한 회의 체계, 회의 변혁의 포인트 가설을 세우고 검증한다.
>
> ② 회의 변혁 프로젝트 추진 단계 : 회의 변혁 계획을 정리하여 각 부문과 업무에 맞게 분류한다.
>
> ③ 회의 변혁-경영 변혁의 경영 사이클 확립 단계 : 회의의 변

> 혁 → 경영의 변혁 → 유전자 진화로 연결되기 위한 경영 체
> 제를 확립한다.

3개의 관점을 삼위일체로 운용할 수 있는 프레임워크가 필요하
다.(도표7-2) 이는 회의를 유전자 차원에서 생각하여 경영 변혁을
위한 가설을 세우고, 검증하여 고도화시키는 구조다. 이 구조를 순
환시키면 유전자도 진화한다.

기획부장은 사장과 컨설턴트의 힘을 빌려 바람직한 회의 체계—
회의 변혁 포인트의 가설을 정리했다. 이 가설은 최고경영자의 경
영적 관점에서의 문제의식과 기획부서로서 업무추진상의 문제의
식이 집약되어 있다. 현재의 회의 체계와 과제는 다음과 같다.

> ● 회의 체계의 개념이 없이 자연발생적으로 증식하고 있다.
> ● 회사 차원의 횡적 회의와 부서간 횡적 회의가 부족하다.
> ● 전달 · 보고회의 색채가 짙다.
> ● 의사결정에서 실행에 이르는 경영 사이클이 결여되어 있다.
> ● 회의 책임자, 사회자의 리더십 부족 등 30항목이 넘는 과제
>   가 순식간에 열거되었다.

현재의 문제점을 중심으로 바람직한 회의 체계와 변혁 포인트를
정리했다.

- 의사결정의 흐름, 비즈니스의 흐름에 맞춘 회의 체계를 재구축한다.
- 회의 진행을 위한 '회의 표준'을 설정한다.
- 만성적인 업무 미루기를 과감히 벗어버리기 위해 의사결정력을 강화한다.
- 회의를 통해 차세대를 이끌 리더를 육성한다.
- '긍정적이고 진취적인 논의'를 중시하는 풍토를 조성한다.

이상의 5개 항목으로 간추린 회의 변혁 프로젝트가 가동되기 시작했다.

도표 7-2 회의 개혁 ─ 경영 변혁 큐브

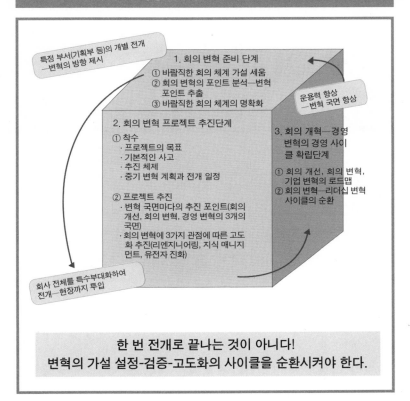

특정 부서(기획부 등)의 개별 전개
─변혁의 방향 제시

1. 회의 변혁 준비 단계
① 바람직한 회의 체계 가설 세움
② 회의 변혁의 포인트 분석─변혁
　포인트 추출
③ 바람직한 회의 체계의 명확화

운용력 향상
─변혁 국면 향상

2. 회의 변혁 프로젝트 추진단계

① 착수
　·프로젝트의 목표
　·기본적인 사고
　·추진 체제
　·중기 변혁 계획과 전개 일정

② 프로젝트 추진
　·변혁 국면마다의 추진 포인트(회의
　개선, 회의 변혁, 경영 변혁의 3개의
　국면)
　·회의 변혁에 3가지 관점에 따른 고도
　화 추진(리엔지니어링, 지식 매니지
　먼트, 유전자 진화)

3. 회의 개혁─경영
　변혁의 경영 사이
　클 확립단계

① 회의 개선, 회의 변혁,
　기업 변혁의 로드맵
② 회의 변혁─리더십 변혁
　사이클의 순환

회사 전체를 특수부대화하여
전개─현장까지 투입

한 번 전개로 끝나는 것이 아니다!
변혁의 가설 설정-검증-고도화의 사이클을 순환시켜야 한다.

02

회의 변혁의 2가지 축으로
변혁 포인트를 분석한다

:: 비즈니스 흐름과 시간축의 관계에서
'바람직한 회의 체계'를 책정한다

"우리 회사는 회의가 많아 일을 할 수가 없어요. 영업은 회의보다 고객을 직접 찾아다녀야 업적이 오르는데…." "개발부에서 이렇게 해라 저렇게 해라 끊임없이 방침은 내려오는데, 위에서 무엇을 어떻게 논의했는지를 모르니까 이 회의가 무엇을 위한 회의인지 모르겠습니다." "지난 달 개발부에서 발표한 차기 상품개발의 주제를 보니 영업부의 의견을 제대로 반영하지 않은 것 같더군요. 이번에도 개선과 개량에만 치중하고, 영업부가 부탁한 신규 상품은 거의 손도 안 댄 것 같습니다." "개발부도 테마는 많지만 인원이 부족합니다. 조사와 기획이 절대적으로 필요한 신규 상품에는 좀처럼 신경 쓸 틈이 없어서…."

이 말들은 컨설턴트가 행한 그룹 인터뷰에서 나온 의견이다.

"문제가 심각합니다. 이래서는 어디부터 어떻게 손을 써야 할지 우리들로서는 판단할 수 없습니다. 부서나 현장 차원에서 회의의 전체상을 파악하고 있는 사람이 아무도 없습니다. 그래서 우선 눈에 띄는 대로 쉬운 과제부터 손을 대야 합니다. 그리고 모두들 문제의 원인은 자신 이외에 있다고 하니, 당사자의식이 없습니다. 만약 당사자의식이 있다면 다른 사람, 다른 부서의 일이라도 지적을 하겠지요. 긴장감도 커뮤니케이션도 찾아볼 수 없습니다. 나오는 의견은 '타 부서가 그러니까' '이런 이유로 안 된다'가 대부분입니다. 이래서는 회사가 좋아질 수 없습니다."

그럼 회의 변혁의 가설을 실제로 분석·검증한 결과를 보자. 분석 도구는 설문 조사, 그룹 인터뷰, 보조 데이터 분석, 회의 감사이다. 분석 도구와 주제와의 관계는 도표 7-3을 참고한다. 가능한 한 현장 감각, 현장의 생생한 목소리, 문제의식을 집약한다.

제도나 구조에 관한 조사는 보조 데이터 분석을 이용한다. 설문 조사, 그룹 인터뷰 조사에서는 사원의 의식과 기업문화에 관한 분석을 충분히 행하도록 한다. 기업 유전자 형성에 직접적인 영향을 가진 분야이기 때문이다.

미국의 GE 그룹에서는 '인클루시브inclusive(포괄적)'라는 관리지표를 세우고, '사원 스스로 생각해볼 때, 조직이 얼마만큼 나를 필요로 하는 것 같은가?'라는 의식을 조사한다. 상여금도 사원의 의식이 얼마만큼 높아졌는가가 큰 영향을 미친다. 기업의 활력과 사

◆ 분석 도구와 분석 주제의 관계　　　평가 ◎ 관련 많음 ○ 관련 있음 △ 관련 적음

분석 도구 ＼ 분석 주제	비즈니스 프로세스	비즈니스 계층 조직	경영 기반	기업문화
설문 조사	△	△	△	◎
그룹 인터뷰	△	△	△	◎
보조 데이터 분석	◎	◎	◎	△
회의 감사	○	○	◎	◎

◆ 분석 도구의 특징

	목표	대상	내용	포인트
설문 조사	사원의 주관에서 본 변혁 포인트를 정량적으로 찾는다.	· 전 사원	① 회사의 제도에 대한 사원의 만족도 ② 상사의 리더십 ③ 사원의 자기 향상 –업무관 ④ 기업문화–직장 풍토 등	· 일반적인 설문뿐 아니라 그 기업의 고유 과제가 부각되도록 사전 청취를 실시한다. · 설문 간에 상관관계를 주어 요인의 상관성을 정량적으로 파악한다.
그룹 인터뷰	사원의 주관에서 본 변혁 포인트를 정성적으로 찾는다.	· 중역 · 관리직 · 중견사원	① 가치관 공유 ② 부서간, 사원간 커뮤니케이션 ③ 회사, 부서, 사원의 성장량 ④ 사원의 문제의식, 위기의식 등	· 설문 조사 결과를 사원의 실제 목소리로 증명하고 보다 본질적인 과제가 무엇인지 찾는다.
보조 데이터 분석	변혁 포인트를 일반 공개 자료, 사내자료에서 객관적으로 찾는다.	· 회사 안내 · 사업 안내 · 경영계획서 · 각종 자료	① 창업 이후의 성장 궤적 ② 사업과 경영의 변천 ③ 현재의 사업과 각종 제도의 개요 등	· 보조 데이터를 근거로 비즈니스 프로세스, 비즈니스 계층 구조, 경영 기반 등을 보다 객관적으로 분석한다.
회의 감사	각종 회의에 관한 자료를 조사하고 회의에 참관하여 현장의 변혁 포인트를 찾는다.	· 회의 자료 · 주요 회의	① 회의 자료 정비, 활용상황 ② 회의 준비, 실시, 실행의 상황 ③ 회의 중 발언의 질과 양 사회자의 리더십 등	· 현장의 사실을 바탕으로 최고 중요과제는 무엇인가, 중요과제는 무엇인가의 체계화를 목적으로 한 감사가 필요

시간축의 변화를 본다. 다른 기업과의 차이, 부서간의 차이를 본다. 얼마나 다른지를 의식한다!

원의 의식, 기업 유전자의 관계로 생각해야 할 중요한 주제이기 때문이다.

기업 감사에서는 회의 자료(안내 문서, 의사록, 배부 자료 등)를 체크하고 실제로 회의를 실행하고 회의 현장을 관찰·분석한다.

컨설턴트의 보고는 다음과 같았다.

"분석하면 크게 3가지로 요약됩니다. 첫째는 비즈니스의 흐름과 회의 흐름의 분석, 둘째는 경영 구조와 회의의 분석, 셋째는 사원의 의식과 기업 풍토, 리더십의 분석입니다."

그럼, 회의 진단 리포트 주제에 따라서 설명해보자.

회의 변혁의 가설은 두 가지 방법으로 검증된다. 하나는 비즈니스의 흐름과 시간축의 관계를 통해 바람직한 회의 체계를 검증하는 것이고, 나머지 하나는 바람직한 회의 체계를 추진하면서 변혁 포인트가 무엇인가를 검증하는 것이다.

도표 7-4를 보자. 가로축에 비즈니스 프로세스, 세로축에는 비즈니스 계층 구조가 있다. 비즈니스 흐름과 시간축이 서로 교차하는 곳에 해당 회의명을 기입한다.

그러면 커다란 트리가 완성될 것이다. 세로축에는 주주 총회·임원 회의, 경영 회의·사업부 회의, 현장의 부서내 회의, 조례, 연구회가 해당된다. 가로축에는 개발·생산·판매·물류·관리 등의 부서별 회의가 해당된다. 이들은 정상적인 회의다. 여기에 각종 프로젝트 등 비정상적인 회의가 별도로 첨가된다. 이 회의 트리를 기준으로 과제 해결을 위한 중점 장르, 중점 회의를 결정한다.

도표 7-4 비즈니스 계층 구조와 비즈니스 프로세스에서 바람직한 회의 체계

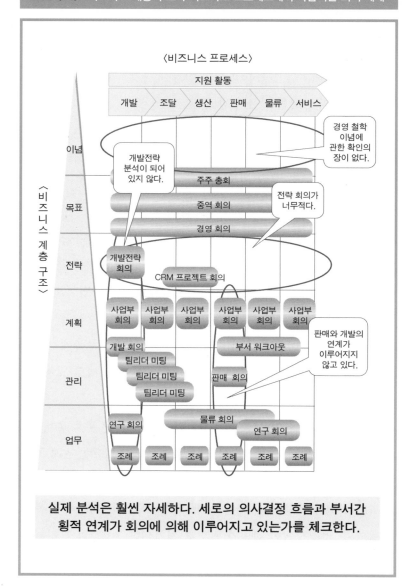

실제 분석은 훨씬 자세하다. 세로의 의사결정 흐름과 부서간 횡적 연계가 회의에 의해 이루어지고 있는가를 체크한다.

컨설턴트는 A사의 과제뿐 아니라 잘 된 사례를 예로 들어 비교해 주었다. 최선의 사례를 보여줌으로써 '이런 방법도 있구나!' 하고 자극을 주기 위해서다. A사의 중요 과제는 다음의 3가지로 집약된다.

- 기획은 기획, 개발은 개발, 경영은 경영처럼 각 부서가 개별적인 움직임을 취하기 때문에 각 부문은 최고지만 회사 전체의 비즈니스 흐름이 통합되어 있지 않다. 게다가 고객의 관점이 결여되어 있고 자사의 논리만으로 비즈니스 프로세스가 구성되어 있다.
- '모호한 목표' '전략의 결여' '방치되는 관리부재' '현장 소홀'로 의사결정이 하부로 내려가지 않는 경영 사이클이다.
- 시장 정보와 고객 정보의 미비와 정보수집력 부족으로 변화 파악의 속도, 즉 의사결정 속도가 늦다.

이상의 중요 과제로부터 개별적으로 다양한 과제가 지적되었는데, 한마디로 "귀사의 비즈니스 흐름과 회의 흐름의 분석 결과는 상당히 중증입니다"로 요약된다. 베스트 사례인 델 컴퓨터와 비교하면 문제가 보다 확실해진다.

델을 분석한 결과 핵심은 다음과 같다.

- '수주 → 생산 → 판매 → 고객 서비스'라는 전 비즈니스 프로세스의 최적화

- 매일 결산함으로써 매월 결산하는 회사보다 30배 빠른 의사 결정 속도와 상황 변화에 발빠르게 대응한 전략
- 데이터에 근거하여 정보감도情報感度와 의사결정을 가속하는 '현장주의'
- 데이터의 동향을 읽어 '회의 → 커뮤니케이션 → 의사결정' 사 이클의 단축

델에서는 원한다면 장소가 출장지인 중국이건, 싱가포르건 어느 곳에 있건간에 컴퓨터의 데이터를 보면서 휴대전화로 회의가 가능하다. 즉 비즈니스의 업무량과 흐름을 보고 '얼마만큼, 어떠한 회의가 필요한가'를 판단하는 것이 아니라 '언제라도, 어디서라도, 누구라도' 필요한 회의가 필요한 때에 진행된다. 가히 '유비쿼터스 ubiquitous(어디서나 가능한) 회의'라 불릴 만하다.

게다가 전략은 3년, 계획은 1년이라는 고정적인 경영 사이클과 무관하다. 즉, 결정된 항로를 결정된 시간대로 운항하는 비행기와 스스로 항로를 정하여 초음속으로 선회하며 목표를 겨냥하는 전투기의 차이다.

"지금까지 우리 회사는 계기판도 엔진도 없는 연과 같았다. 바람이 부는 대로, 기분 내키는 대로 해버리는 회의였다. 하지만 앞으로는 수치, 데이터, 객관성, 논리성 그리고 빠른 속도로 비즈니스의 흐름을 가속시키자!" 기획부장은 굳게 다짐했다.

⠿ 회의의 질적 측면과 구조의 관계에서
변혁 유전자를 추출한다

다음으로 기획부장이 만든 가설인 '변혁 포인트'를 경영 기반과
기업문화의 2가지 관점에서 분석하고 검증했다.(도표 7-5)

경영 기반은 전략의 상위 개념인 비전에 해당하는 요소다. 얼마
만큼 전략적인 전개가 가능한가는 이 경영 기반의 힘에 의해 결정
된다. 아래와 같이 3가지 기반 웨어로 구성되어 있다.

> ● 휴먼웨어 : 어떠한 인재 양성 프로그램을 가지고 있는가?
> 성과주의, 능력, 교육 체계, 목표관리 등.
> ● 인프라웨어 : 어떠한 경영 인프라를 가지고 있는가? ERP[1]
> (기업자원계획), CRM(고객관계관리), 지식 매니지먼트 등.
> ● 비즈니스웨어 : 어떠한 사업전개력 강화의 기반을 가지고 있
> 는가? BPR(기업경영혁신), 식스시그마[2], 워크아웃, JQA[3] 등.

기업문화는 '위기감' '커뮤니케이션' '창조성'의 3가지 요소로
분석한다. 이러한 요소들은 기업문화뿐 아니라 회의의 질, 기업 유

---

1 ERP(Enterprise Resources Planning): 기업자원계획. BPR을 하기 위한 방법 중 하나이다.
2 식스시그마: 시그마라는 통계 척도를 사용해서 품질 수준의 정량적 평가, 효율적인 품질
   문화 조성, 품질 혁신과 고객만족을 달성하기 위해 전사적으로 실행하는 21세기형 기업
   경영 전략을 말한다.
3 JQA: 일본품질보증기구

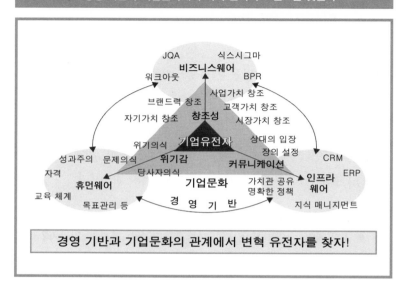

도표 7-5 경영 기반과 기업문화에서 회의 변혁의 포인트를 찾는다

경영 기반과 기업문화의 관계에서 변혁 유전자를 찾자!

전자를 좌우하는 중요한 인자다.

- 위기감 : 문제의식, 위기의식, 당사자의식
- 커뮤니케이션 : 가치관 공유, 장場의 설정, 상대의 입장, 명확한 정책
- 창조성 : 기업가치 창조와 연결되는 시장가치 창조, 고객가치 창조, 사업가치 창조, 브랜드 창조, 자기가치 창조 등

컨설턴트의 '경영 구조와 회의간의 괴리' '사원의 의식과 기업 풍토, 리더십간의 괴리'에 대한 지적은 그룹 인터뷰와 회의 감사의

분석 결과로 나왔다. 그 구체적인 의견은 다음과 같았다.

우선은 경영 기반에 대한 지적이다.

- 성과주의라고 말은 하지만 성과를 올리기 위한 중요한 기술이 무엇인가, 그를 위해 교육 체계는 어떠해야 하는가가 빠져 있다.
- 'IT 경영을 실천한다!' 이는 단지 구호에 불과하다. 한사람 당 컴퓨터 한 대가 IT는 아니다. 경영에 활용할 인프라가 정비되어 있지 않다.
- 과거 10년 동안 경영 구조가 변하지 않았으며 경영 변혁의 계획이 없다.

다음은 기업문화에 대한 지적이다.

- 평가자만 많고 실행하는 사람이 없다. 문제의식이 낮다.
- 어떤 생각, 가치관을 중시하는 회사인가? 기업의 정책이 보이지 않는다.
- 마케팅 발상 제로! 주먹구구식 마케팅으로는 새로운 발상의 상품을 만들어 낼 수 없다. 이대로라면 상황은 악화될 뿐이다.

그리고 양쪽 모두에 관계있는 의견으로는 다음과 같은 것들이 있다.

- 사원의 위기감이 희박한 것은 연공서열 인사(=휴먼웨어)와 현장을 중시하지 않는 경영진(=비즈니스 계층 구조)의 영향이 크다.
- 모양뿐인 IT. 경영 인프라 자체를 강화하지 않으면 속도감 있는 커뮤니케이션은 기대할 수 없다.
- 타사의 2배에 달하는 개발 기간. 클레임이 들어와도 영업부가 사과하는 것으로 상황이 종료된다. 비즈니스 프로세스를 재구축하여 식스시그마를 실시하지 않으면 미래는 없다.

점점 문제가 되는 현상과 그 원인의 상관성이 분명해졌다.

경영 기반과의 관계성을 보면 휴먼웨어는 위기감, 인프라웨어는 커뮤니케이션, 비즈니스웨어는 창조성과의 상관성이 높다. 기반의 구조가 빈약하면 기업 유전자는 양성되지 않는다. 기업문화를 진단하고 강화할 수 있는 변혁 유전자를 찾아야 한다. 그리고 유전자 강화를 위해 필요한 기반을 정비한다.

컨설턴트로부터는 몇 개의 우수 사례를 소개받았지만 가장 강한 인상을 준 것은 도쿄 도심을 중심으로 유행을 창조하는 레스토랑 글로벌다이닝이다. 기획부장은 이곳을 모델로 한 변혁에 강한 인상을 받았다. 이 기업의 경영 기반의 특징은,

> - 철저한 능력주의, 업적연동형 급여, 인사와 급여의 정보 공
>   개, 공정과 규율(이 기업의 기업 이념)에 근거한 투명한 휴먼
>   웨어
> - 유능한 점장이 누군지 파악하여 그 노하우를 사원에게 교육
>   시키는 아날로그 지식 매니지먼트와 음식 재료의 조달 발주
>   IT 등의 인프라웨어
> - '맛에는 국경이 없다' '유행을 좇지 않는 보편성을 중시' '가
>   게는 무대' 등 각 점포의 개성을 중시하는 '점포주의' 등 비
>   즈니스웨어

이런 구조가 이 기업의 다음과 같은 유전자를 강화하고 있다.

> - '상사에게 쩔쩔매는 노예 같은 사람은 필요 없다' '이단아도
>   괜찮다, 실적이 전부다' 라는 위기감
> - '정정당당, 공개재판' 이라는 개방되고 공정한 커뮤니케이션
> - 이런 위기감, 커뮤니케이션을 가능하게 하는 것은 기존의 요
>   리에 얽매이지 않는 '새로운 맛의 세계 창조'와 '새로운 영
>   업 형태 제안' 이라는 가치창조

이처럼 글로벌다이닝에는 위기감, 커뮤니케이션, 가치창조가 넘
쳐난다. 경영 기반과 유전자의 관계가 명쾌하다. 그리고 글로벌다

이닝의 변혁 유전자는 계속 진화한다. 타협하지 않고, 옳고 그름을 가릴 줄 알고, 정체를 깨뜨릴 수 있는 사람이 글로벌다이닝 리더의 조건이다.

03

회의 변혁을 리더십 변혁의 시나리오로 연동시킨다

∷ 회의 개선 · 회의 변혁 · 경영 변혁의 로드맵을 생각한다

소니 유니버시티, 후지츠 유니버시티, 아사히 슈퍼주크 등 기업 대학의 설립이 가속화되고 있다. 이들 대학의 큰 흐름은,

- 교육 기능, 교육 기관의 통합에 의한 고도화와 효율화
- 회사의 전략, 비즈니스 전략과 교육 전략의 연동
- 인사 제도와 교육 체계의 연동
- 조기부터 '한 우물 파기' 식 리더 육성
- 기술 혁신, 탁월한 재능, 글로벌적인 식견

등 변혁에 중점을 두었다. 그리고 각 회사의 공통적인 목적은,

> ● 차세대 경영자 육성
>
> ● 경영 변혁
>
> ● 기업 DNA의 계승, 발전

에 있다. 회의 변혁 프로젝트의 목적과도 합치한다.

중국 최대 가전업체인 하이얼과의 제휴로 일본과 중국의 상호 시장 진출, 유럽 업체와의 협력으로 브랜드 강화, 전략 상품의 철저한 관리로 최근 전략적인 기업으로 주목받고 있는 산요전기는, 10년 후를 내다보며 창업자 집안이 아닌 40대 전문 경영인의 탄생을 기대하고 있다. 산요전기는 경영 체제를 젊은 층으로 바꾸는 계획을 장기적으로 추진 중이다. 계획의 핵심은 대졸 신입사원이 입사할 때 간부 후보를 선발하는 제도다. 20대에 관리직, 30대에 관계 회사 사장, 40대에 본사 임원이 되는 캐리어 코스다.

이렇게 기업 대학을 통한 차세대 경영자 육성, 한층 강화된 경영 변혁, 기업 DNA 계승 발전은 중장기적으로 생각해야 한다. 또한 회의 변혁과 회의 변혁에 의한 경영 변혁도 중장기적인 시야가 필요하다.

이 둘의 다른 점은 기업 대학이 일부 뛰어난 인재를 조기 발굴하여 중점 육성시키는 것인데 비해 회의 변혁은 사업의 흐름, 경영 기반, 사원의 의식, 기업 풍토까지 포괄한다는 점이다.

그렇다면 중장기적 회의 변혁, 경영 변혁은 어떤 방법으로 실현

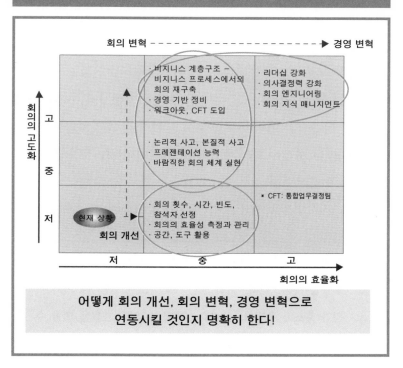

도표 7-6 회의 개선·회의 변혁·경영 혁신의 로드맵

회의 변혁 - ▶ 경영 변혁

회의의 고도화

고

·비지니스 계층구조 –
비지니스 프로세스에서의
회의 재구축
·경영 기반 정비
·워크아웃, CFT 도입

·리더십 강화
·의사결정력 강화
·회의 엔지니어링
·회의 지식 매니지먼트

중

·논리적 사고, 본질적 사고
·프레젠테이션 능력
·바람직한 회의 체계 실현

저

현재 상황

회의 개선

·회의 횟수, 시간, 빈도,
참석자 선정
·회의의 효율성 측정과 관리
·공간, 도구 활용

·CFT: 통합업무결정팀

저   중   고

회의의 효율화

어떻게 회의 개선, 회의 변혁, 경영 변혁으로
연동시킬 것인지 명확히 한다!

할 수 있을까? 그 대답은 변혁 로드맵이다.

로드맵이란 사업이나 상품, 기술의 발전을 미래지향적으로 생각
해 변화를 미리 감지하고 변화 창조의 주체자가 되어 새로운 시장
가치, 고객가치를 만들어 내는 것이다.

예를 든다면, 컴퓨터를 활용하는 미래 사람들의 생활, IT 사회의
모습을 구체적으로 구상하여 관리 프로그램, 응용 프로그램 등 소
프트웨어와 하드웨어를 계속하여 제공하고 있는 마이크로소프트

사와 같은 것이다. 컴퓨터의 발전을 미리 읽어 반도체칩을 세대 차원으로 진화시키는 인텔 등은 로드맵 개념이 명확한 사업을 전개하고 있는 기업이다. 로드맵은 '그 기업이 실현하고자 하는 것'을 미리미리 준비하기 위한 도구다.

회의 변혁을 실현하려면 어떠한 순서로 진행시키는 것이 좋을까? 만약 당신의 기업이 아무런 목표도 없이 막연히 회의를 지속해왔다면, 회의 개선→회의 변혁→경영 변혁이라는 로드맵을 만들어보자. 이 로드맵의 기본 축은 '효율화'와 '고도화'이며 이 둘의 균형을 유지하면서 변혁을 추진한다.(도표7-6)

- 회의 개선 : 회의 횟수, 시간, 빈도, 참석자 등 선정, 회의의 효율성 측정·관리, 회의 공간, 회의 도구 활용 등 회의 삭감과 축소가 초점이다. 바로 실행할 수 있어 효율을 꾀할 수 있는 것이 포인트다.
- 회의 변혁 : 논리적 사고, 본질적 사고, 프레젠테이션 능력, 사회자의 리더십과 의사결정력 강화 등의 능력 향상과 바람직한 회의 체계의 실현이 초점이다. 효율화에서 고도화로의 이동, 균형화가 필요하다.
- 경영 변혁 : 비즈니스 계층 구조나 비즈니스 프로세스에서의 회의 재구축, 경영 기반의 정비, 그리고 워크아웃, 통합업무 결정팀을 추진하고 회의 변혁에서 경영 변혁으로 연동시킨다. 기업 전체의 리더십 강화, 유전자 진화가 초점이 된다.

∷ 회의 리엔지니어링으로 변혁 과정을 고도화한다

기획부장은 지금까지의 발자취를 뒤돌아보았다. "회의 개선에 3 개월, 회의 변혁 프로젝트에 6개월, 경영 변혁의 단계에 들어선 지 1년이 지났다. 이제 거의 다 왔다. 마지막으로 리더십 강화, 유전자 진화의 과제만 남았다"며 마지막 도움을 컨설턴트에게 의뢰했다. 컨설턴트의 대답은 리엔지니어링과 지식 매니지먼트다. 왜 리엔지니어링인가? 왜 지식 매니지먼트인가?

리엔지니어링은 '업무 개혁'을 말한다. 본래 BPR(Business Process Reengineering)은 업무 흐름을 개혁하고 개혁 후의 업무 흐름에 맞춰 조직, 제도, 문화를 개혁한다. 그리고 개혁한 조직, 제도, 문화에 인재의 의식, 행동 모델을 개혁하는 것이다. 이런 일련의 개혁들을 경영 도구인 정보 시스템이 지원한다. 비즈니스 프로세스가 진화하면 정보 시스템도 진화시켜야 한다.

일부 사람들은 미국에서는 이미 BPR을 사용하지 않는다고 하지만 인터넷, 인트라넷, ERP 등의 새로운 정보 기술의 보급에 따라 BPR의 필요성은 한층 높아졌다. 경영 환경의 변화와 정보기술의 발전, 비즈니스 프로세스 변혁은 연쇄적 진행 과정이기 때문이다.

그럼, 회의 변혁에 응용할 리엔지니어링은? 첫째 목표 설정, 둘째 대상 설정, 셋째 순서다.

첫째, 목표 설정을 보자.

페덱스의 BPR의 예를 보면, '화물을 다음날 아침 10시까지 배달

한다'가 목표다. 이 목표가 있기 때문에 모든 생각과 행동, 제도와 구조가 체에 걸러진다. '지금 내 행동은 화물을 내일 아침 10시까지 배달하는 데 플러스일까? 마이너스일까?'라는 체 말이다.

A사에서도 회의 변혁의 목표를 설정했다. '회의 중 30퍼센트는 시장가치나 고객가치 등 가치창조에 기여하는 것(30퍼센트 법칙)으로 하고 나머지 70퍼센트도 전략 공헌이 기대되는 회의만 한다.'

이런 목표 아래 '이 회의는 가치창조와 이어지는 것일까?' '자신이 출석한 회의 중 30퍼센트가 가치창조 회의였던가?' '전략 공헌과 연결되지 않는 이 회의에 나는 참석할 의무가 있는가?' '이 회의의 전략 공헌도를 높이기 위해서는 사회자인 리더의 가설을 보다 명확히 내세워야 하는 것은 아닌가?' 등 명확한 규범이 세워졌다.

둘째, 대상 설정을 보자.

목표가 정해졌으면 대상, 즉 변혁시킬 비즈니스 프로세스를 명확히 한다. '가치창조 회의 30퍼센트 법칙' 아래서는 신규 사업, 신상품개발, 고객 개척에 관한 프로세스가 중요한 주제다. '그럼, 변혁시킬 프로세스는 영업과 개발이다'라며 대상 프로세스를 결정한다. 대상 프로세스는 변수를 정확히 고려하여 신중히 설정할 필요가 있다. 많은 BPR의 실패 원인이 목표 설정 — 목표 실현에서 생길 수 있는 변수를 고려하지 않고 대상 프로세스를 설정했기 때문이다.

셋째, 순서를 보자

BPR 추진의 일반적인 순서는 다음과 같다. 회의 변혁의 순서와도 중복된다.

① 사원의 위기감을 양성한다.

② 최강의 추진팀을 편성한다.

③ 효과가 기대되는 전략을 세운다.

④ 전략의 목표와 의도를 철저하게 전달한다.

⑤ 사원에게 권리를 부여하고 리더가 통솔한다.

⑥ 단기간에 성과를 올린다. 성과를 수량화하여 성과 공헌도에
따라 보답한다.

⑦ BPR을 기업문화와 연결한다.

BPR은 정리해고의 도구라는 인상이 강하지만 A사에서는 위기감을 지속적으로 유지함으로써 오히려 해고가 필요 없게 되었다. 즉, BPR은 사람의 의식, 기업문화까지 포함한 기업 변혁 도구로 전개되었다.

∷ 지식 매니지먼트에 의한 회의―기업 유전자의 진화

왜 지식 매니지먼트인가? 원래의 발상지인 미국에서의 지식 매니지먼트는 최고경영자가 상명하달 식으로 침투시킨 이념의 색채가 강했다. 하지만 최근 미국, 일본에서는 이념적인 위치보다도 실리적인 효과가 요구되는 단계에 들어갔다. 이러한 개념이 회의 변

혁과 중복된다.

A사에서 지식 매니지먼트는 회의 변혁—기업 유전자를 진화시킬 경영 변혁 시스템으로 도입되었다. 회의 변혁의 과정을 통해 탄생된 다양한 '지식'을 활용해서 경영의 진화, 유전자 진화의 속도를 높인다. 포인트는 '지식'의 비전 공유, 활용 구조 조성, 가치창조를 위한 구조 조성에 있다.

첫째, '지식'의 비전을 공유한다. 기업의 비전, 회의 변혁의 비전, 지식의 비전이 함께 어우러져 경영 변혁은 촉진된다.

'매출을 10퍼센트 올리자!'는 목표가 있다면, '그럼 회의에서 논의할 사항은?' '현장 사원은 어떤 지식을 수집, 활용하면 좋을까?'라는 의문이 생기게 된다. 비전이 없으면 하나로 뭉쳐지지 않는다. 막연한 비전이라면 사원들이 향하는 방향에 혼란이 생기기 때문이다.

둘째, 활용 구조를 조성한다. 문서 관리에서 검색 엔진, 그리고 축적된 정보를 분류하고 정리하여 효과적으로 보이게 하는 기업 포탈 사이트도 지식 매니지먼트 구조다.

A사에서도 우수한 영업 사원은 담당 고객의 홈페이지를 정기적으로 체크하고 업계의 신제품, 경쟁 업체의 움직임 체크에 여념이 없다. 그리하여 유익한 정보를 발견하면 고객에게 가치 있는 정보를 제공하고, 거래 기회를 살핀다. 그러나 체크할 정보량이 늘어남에 따라 이런 작업이 귀찮아지게 된다. 이런 현장의 움직임을 간과한다면 한눈에 정보를 일람할 수 있는 기업 포탈 사이트에 착안하게 된다.

사원에게 '일할 기분을 만들어 주는' 구조의 조성도 필요하다. 델 컴퓨터처럼 휴대전화로 '어디에서나 가능한 회의'도 좋은 구조다. '어디에서나 가능한 회의'는 메일이나 휴대전화뿐 아니라 i모드, 음성메일, 음성메일 대응 웹메일, 무선 LAN 등을 사용하는 회의 시스템을 구축하여 사용상의 편리함을 향상시켰다. 회의 정보의 활용은 '참조할 수 있는 사용자' '참조와 편집도 가능한 사용자' 그리고 '참조, 편집, 추가 기록이 가능한 사용자' 등 접속권을 세분하여 지식의 질적 관리를 꾀했다.

셋째, 가치창조 구조를 조성한다. 가치창조에 직접적으로 연결되는 활용 분야는 SFA(영업자동화), CRM이다.

A사에서는 영업, 개발, 고객지원 등 이 분야에 관련한 회의의 '지식'을 활용하여 가치창조를 가능하게 했다. SFA 분야는 제안서나 기획서, 과거 상담 과정과 성공 사례 등을 인트라넷에서 공유했다. CRM 분야는 콜센터 정보의 활용이다. 고객으로부터의 문의, 요구, 클레임 등의 계통적 분류, 원인 추구, 그리고 FAQ의 데이터베이스 등의 '지식'을 근거로 마케팅부나 개발부에서는 프로모션 기획, 상품 개발에 활용한다.

회의를 바꾸는 것은 리더 자신을 바꾸는 것이다

회의 변혁을 경영 변혁으로 유도하는 사람이 리더다. 주위 사람들에게 영향력을 행사하며 목표를 향해 개개인이 가지고 있는 능력을 발휘하게 하는 것이 리더십이다. 조직의 관리자나 경영자는 권력을 갖고 있지만 그렇다고 반드시 리더십이 있다고는 할 수 없다. 그러나 조직은 최고경영자의 리더십에 의해 조직의 행방이 좌우된다.

리더십이 없는 최고경영자. 그는 무엇을 위해 조직의 최고 자리에 있는 것일까? 최고경영자로서 존재의의는 무엇일까? 리더십이란 권위나 권한 등의 강제력에 의존하지 않고, '스스로 최선을 다하고 싶다'는 마음을 자발적으로 갖게 만드는 압도적인 영향력이다.

A사의 회의 변혁 프로젝트는 일단 성공을 거두었다. '일단'이라는 말은 어디까지나 어느 시점에 있어서 성과가 있었다는 뜻이다. 그러나 회의 변혁, 경영 변혁에는 끝이 없다. 프로젝트를 시작할 때 최고경영자로서 메시지를 발표했던 사장은, 더욱 강렬한 리더십 있는 메시지, 더욱 강력한 변혁, 끊임없는 발전을 호소했다.

"조직은 리더의 지시만으로 움직이는 타율적인 집단이어서는 안 된다. 물고기나 새의 무리는 선두의 한 마리가 없어져도 무리가 없어지는 일 없이 다른 한 마리가 선두로 나서 무리를 선도한다. 물고기나 새는 본능적 유전자가 그것을 가능하게 한다. 마치 계속해서 리더를 만드는 유전자가 있는 것처럼 말이다.

기업에 있어서는 집단의 자율성과 방향성, 최고경영자의 리더십의 원천이 되는 것이 기업 유전자다. 리더십 강화의 특효약이나 만병통치약은 없다. 유전자가 집약된 장場, 회의의 장을 주시하고, 회의를 바꾸고, 경영 그 자체를 바꾼다. 그리하여 스스로 변하고 발전함으로써 리더십이 키워진다. 이 프로젝트를 진행하면서 회의 변혁을 통해 스스로 리더십을 발전시켜온 리더가 탄생했다. 부디 계속해서 우리 회사를 이끌고 갈 훌륭한 리더가 배출되기를 바란다. 그러기 위해 마지막으로 한마디. 회의를 바꾸는 것은 스스로를 바꾸는 것이다!"

회의를 바꾸면 회사가 바뀐다!

각 장의 담당 집필자

제1장 _ 노구치 요시아키 野口吉昭

제2장 _ 이나마스 미카코 稻增美佳子

상무이사이며 행정 컨설턴트다. 마케팅 파워업, CRM 전략 구축, 논리적 사고 프로그램 개발 등을 담당하고 있다. 저서로는『CRM 전략의 노하우, 두 하우』『프레젠테이션의 노하우, 두 하우』등이 있다.

제3장 _ 우치다 도모미 內田友美

HR 인스티튜트의 이사이며 수석 컨설턴트다. 세일즈 코칭 개발, 브랜드 개발, 마케팅 기반 구축 등을 담당하고 있다. 저서로는『세일즈 코칭의 진행 방법과 활용법』『꿈 지향형 조직의 시대』『마케팅의 노하우, 두 하우』등이 있다.

제4장 _ 구니토모 히데키 國友秀基

컨설턴트다. 사업 전략, 마케팅 전략, 비즈니스 모델&비즈니스 플랜 구축 등을 담당하고 있다. 저서로는『전략구상력을 연마하는 트레이닝 북』『본질적 사고의 노하우, 두 하우』등이 있다.

제5장 _ 소매야 아야카 染谷文香

컨설턴트다. 비즈니스 플랜 구축, 학교 경영 전략, 디지털 콘텐츠 개발(WBT) 등을 담당하고 있다. 저서로는 『틀림없이 YES! 소리를 듣는 기획서 만드는 법』『참여형 경영전략 책정 시나리오』 등이 있다.

제6장 _ 모리야 도모타카 守屋智敬

컨설턴트다. 비즈니스 모델 구축, 타당성 조사, 프레젠테이션 기술 향상 등을 담당하고 있다. 저서로는 『비즈니스 플랜 책정 시나리오』『비즈니스 플랜의 기술』 등이 있다.

제7장 _ 네소리 가츠마사 根反勝政

HR 인스티튜트의 이사이며 선임 컨설턴트다. 비전&전략 구축, 테크놀로지 마케팅 변혁, 세일즈 능력 프로그램 등을 담당하고 있다. 저서로는 『영업 전략 세우기와 활용법』『전략 시나리오의 노하우, 두 하우』『논리적 사고의 노하우, 두 하우』 등이 있다.